# 创意带班36招

连旭萍◎著

江西教育出版社
JIANGXI EDUCATION PUBLISHING HOUSE

**图书在版编目（CIP）数据**

创意带班 36 招 / 连旭萍著 . -- 南昌 : 江西教育出版社 , 2022.8
ISBN 978-7-5705-1867-8

Ⅰ . ①创… Ⅱ . ①连… Ⅲ . ①班主任工作 Ⅳ . ① G451.6

中国版本图书馆 CIP 数据核字 (2022) 第 053750 号

**创意带班 36 招**
CHUANGYI DAIBAN 36 ZHAO
**连旭萍　著**

**江西教育出版社出版**
（南昌市抚河北路 291 号　　邮编：330008）
各地新华书店经销
安徽联众印刷有限公司印刷
开本 700 毫米 ×1000 毫米　1/16　13 印张　字数 179 千字
2022 年 8 月第 1 版　　2022 年 8 月第 1 次印刷
ISBN 978-7-5705-1867-8
**定价：38.00 元**

赣教版图书如有印装质量问题，请向我社调换 电话：0791-86710427
投稿邮箱：JXJYCBS@163.com　　电话：0791-86705643
网址：http://www.jxeph.com

赣版权登字 -02-2022-117

序言

## 创新，永无止境

班主任是孩子成长过程中十分重要的导师。当孩子入学的时候，每一位家长都希望能够遇见一位爱学生、懂学生，有智慧地引导学生走正路的班主任老师，温州大学城附属学校的连旭萍老师就是这样的一位班主任。在她的《创意带班36招》一书即将出版之际，很荣幸为此书写序。

连老师是温州大学城附属学校（以下简称“附校”）的副校长，赴澳交流优秀教师、温州市骨干班主任、温州市教坛新秀、温州市名班主任，多年从事小学班主任工作。我很感佩连老师多年来坚持在班主任的一线工作岗位上，并且用心钻研摸索出许多新颖的带班方式，为小学班主任开展班级管理与班级建设提供了示范和指导。这本班级管理的大作，是连老师总结自己多年的带班经验提炼出来的富有实践性和创意性的班主任工作策略。

班主任工作大到建班育人，小到填报表格，事无巨细，都需要班主任亲力亲为。那么如何做好新时期班主任工作呢？教育部2021年新颁布的《中小学班主任工作条例》指出：坚持育人为本，德育为先的目标导向；注重公平，面向班集体的每一个学生；关心学生的全面发展，建立平等互信的师生关系；遵循学生的年龄特点和身心发展规律；建立完善的班级管理制度；积极进行班级文化建设；充分发挥纽带作用，指导和组织学生积极参加社会实践、大胆创新。

与上一代的教师相比，现在的班主任正面临着越来越多的困难。家长受教育程度越来越高，对孩子的教育理念不断更新，班主任要面对的工作情况更复杂。家长们不再像过去一般，对于班主任的要求和话语只是配合。当家长的教育理念与班主任的教育方式产生冲突时，家校之间的问题和矛盾层出不穷。面对家长的质疑和诘难，班主任工作的难度在一定程度上增加了。

学生的法律意识和自我保护意识增强，个性越来越强，班主任开始不敢“管孩子”。部分家长的宠溺使“熊孩子”越来越多，导致许多班主任束手无策。严师出高徒的时代已经不再，现如今的政策要求我们用说服和思想教育去应对，班主任开始变得不知道怎么“管孩子”了。此外，面对突如其来的新冠肺炎疫情，班主任工作难度也大大增加。班主任的权威性和话语权正在遭受越来越多的挑战——如何才能走出这些困境？

本书的36招是连老师根据学校“立足大学城，建联四所高校”的地域优势，提出的符合学情的、大胆创新的带班36招，致力于解决新时代班主任所面临的困难与挑战。

如何在开学第一天快速有效地管理好一年级？她给每个小朋友分发号码牌，用颜色和数字来代编班级和学号。

如何避免开学初的抢位大战，合理安排学生座位？她会以座位拍卖的形式，让每个小朋友都有选择自己座位的权利，创意座位，人人都是C位。

如何改善师生关系？引领学生换位思考，促进师生有效沟通。

如何实现家校共育，家庭教育资源共享？开展家学周，充分利用家庭教育资源。

…………

冰心曾说：“世界上没有一朵花不美丽，也没有一个孩子不可爱。”我们的孩子，就如花园里的花朵，他们的绽放不需要任何理由。在每一个孩子的心灵深处，都有着一个无限美好和丰富的世界等着我们去发现。每个孩子都有自己的天赋和优点，需要我们用爱心、耐心去引导。教育无小事，处处是学问，班主任工作亦是如此。这36招，每一招都可圈可点，富有实践性。特推荐之。

希望连老师的36招，可以给班主任一些应对新问题的启迪，可以为读过这36招的班主任老师支更多的招，可以为“熊孩子”在新时代树立正确的价值观提供帮助。同时也希望家长能够阅读此书，了解学校班主任工作的方略，以便更好地家校合作，共育人才。

徐丽华

杭州师范大学经亨颐教育学院教授

2022年5月15日

# 目录

## Part 1 班级建设多创意

## Part 2
## 学生成长有妙招

## Part ❸ 家校共育讲策略

Part 1

# 班级建设多创意

阿基米德说:“如果给我一个支点，我就能翘起整个地球。”一线班主任如何撬动班级？我想无限创意就是这个“支点”。创意常规、创意学习、创意建班令一线班主任从烦琐的杂事中挣脱出来。不因重复而无奈，不因烦琐而麻木，不因忙碌而停滞。

班级是一亩方田，我们是田地“耕种者”。耕种者的无限创意，将滋养幼苗茁壮成长。

# 第 1 招　初来乍到神器：号码牌
## ——创意认识孩子的法宝

### 故事在线

“喂，您好！您是小王的家长吗？”

“是的。请问您是哪位？”

“您好，小王妈妈，我是小王一年级的班主任黄老师。”

“老师，您好，您好！”

“恭喜小王被我们学校录取了，周四早上 9:00，小王要和家长一起到学校参加迎新活动和报到，小王的学号是 5 号，请您提前告知小王的学号，而且一定要让小王记住自己的学号哦！”

“好的好的，没有问题，我一定提醒他，老师，谢谢您啊！”

“小王妈妈，如果您方便的话，添加我的微信，微信号就是我这个号码，便于我们日后联系。”

“好的好的，谢谢老师！”

“好的，小王妈妈再见，我们保持联系。”

在与家长联系之前，一年级的办公室笼罩着无助的阴霾。

办公室里，一群刚从外校调来和六年级下来的老师眉头紧锁：“周四新生到校，周五就要开学典礼，一年级的小娃娃，连队伍都排不起来，这可怎么办呢？”“如果班级里有一个调皮的孩子走丢了，我可能都不知道孩子是不是我班的。”“名字和人脸根本对不上啊！”“开学典礼，我们还承担着很多重要活动。我们一头雾水，估计孩子也是一头雾水。”老师们唉声叹气地为开学典礼担忧。“我们讨论下有什么更好的办法，让孩子能快速排队走到操场，万一孩子走丢，我们能快速认出是自己班级的。”第一天的开学典礼，有太多问题需要我们一起考虑。

“我有个主意，你们听听！每一个孩子都有自己的学号，我们就按照学号让学生排队，你们说怎么样？”看着桌子上学生的名单，我兴奋地对其他班主任说。“有些孩子根本记不住自己的学号，那该怎么办呢？”一（2）班的林老师提出了疑问。我接着说：“我们在打电话通知学生被录取时，就告知了家长孩子的学号，让家长一定要跟学生说，记住自己的学号。”林老师更加疑惑：“如果学生还是记不住，怎么办？”“我们给每一位学生制作学号牌，就把学号牌贴在学生的衣服上。”一（2）班的林老师似乎被我点醒了思路，接着说道：“我们平时写论文会用1.1、1.2、1.3……学生的学号也可以是这样，比如一（1）班都从1开始，1.1、1.2、1.3……一（2）班就用2.1、2.2、2.3……依次类推到一（7）班。”“这个主意好，一看号码牌就知道学生是哪个班级的。”一（3）班的黄老师鼓掌叫好。林老师继续津津有味地说着：“为了让号码牌更精致点，我们一年级7个班级就用彩虹的7种颜色‘红橙黄绿青蓝紫’分开，万一学生走丢了，距离又较远，看颜色也能知道这是哪个班级的学生。”接着林老师的话，我说道：“第一天到校，不管学生个子高矮，在教室里先按照学号就座，我们到时候就按照学号先排队，回头再按照学生的身高排座位，先完成第一天的开学典礼再说。”“好，好，就这么办！”办公室的阴霾慢慢散去，老师立刻打电话联系广告公司制作号码牌，为开学典礼做准备。

## 故事分析

手忙脚乱的一年级，仅仅开学典礼就藏着这么多“门道”。从幼儿园的小环境到小学的大环境，从幼儿园的“圈养”到小学的“放养”，对于环境的转变，孩子需要适应的过程，对于新调过来的老师同样需要适应的时间，毕竟不同的生活、学习、工作环境带来的工作节奏也是不一样的。

在小学里常常会看到，一年级小朋友课间跑着玩着，上课铃声响起来时，找不到教室，然后在校园里晃荡或者哭泣；有时候，铃声已经响起来了，小朋友还不知道要回教室上课；更有意思的是，小朋友急着上厕所，却没有带厕纸，耷拉着裤子，露着屁股来教室找老师。这些都是幼儿园小朋友初到小学时发生的一些小插曲，也提醒我们，接手一年级的班级，工作要做得更加细致，要考虑到每一个孩子的不同特点，还要更多地考虑会发生的一些意外事件，提前做好预案。

周四迎新活动，虽然学校安排了各项活动让孩子和家长熟悉校园，由于六七岁的孩子心智还不够成熟，对于偌大的校园肯定还是云里雾里的，并且没有时间对他们集中教育，无法和孩子说明开学典礼的一些细节。周五一到学校就参加开学典礼，首先摆在眼前的就是“排队问题”，即如何顺利地将四十来人的大队伍送到操场。40 个孩子 40 个名字，将孩子的名字与 40 张可爱的小脸对照起来，没有三五天的努力是记不住的。聪明的一年级老师利用数字解决排队难的问题，更细致的是在数字前面加上班级编号，并通过颜色加以区分，万一出现掉队的孩子，也能及时找到对应的班级。

## 锦囊妙计

1. 提早熟悉学号，对号入座

分班结束后，电话联系家长孩子被录取的通知时，就向家长再三强调孩子的学号：一是让家长熟知老师的声音，感受到老师的热情；二是用话语直接传递信息，让信息更加明确；三是与家长互通电话后，彼此留下联系方式，便于日后联系，也便于通过号码查找微信号，建立完整的班级群。

迎新当天，在孩子桌子上摆放象征步步高升的“步步糕”和代表聪明的“葱”，还有学生的名字牌和学号牌，并且将班级座位上的名字牌按照学生学号顺序放置，以便孩子当天熟悉自己在教室的大概位置，第二天来到教室后能快速找到自己的位置。

第二天开学典礼，当听到排队的铃声时，不急于让孩子快速到班级门口排队。在教室里，由老师指挥一组一组学生起立到教室外走廊排队，如：第一小组 1~6 号小朋友起来，带着他们到门口排队，都安顿妥当后，再让第二组 7~12 号小朋友起来，带到门口排队……依次将全班同学都带到教室外排队，那么在教室外只要稍微整队，队伍便能成形。同时强调，要记住前后同学分别是谁，有助于利用“参照物”快速找到自己排队的位置。

2. 数字标注学号，颜色区分班级

阿拉伯数字，不仅可以用来表示数量和顺序，还可以用来编码。在日常生活中，特殊的电话号，学生的考号、学号、身份证号等，都是由数字按照一定的顺序排列得来的。让学生更好地认识数字，不仅能使其对数学产生兴趣，自觉认识数字，还能使其将数学更好地运用到实际生活中。

今天，我们就用到了数字的两大用处：表示顺序的号码和表示班级的编码。用数字标注班级和学号，一（1）班表示 1，一（1）班 1 号用数字表示为 1.1，那么 2 号就是 1.2，3 号就是 1.3……以此类推，每一个数字都有特殊的表示意义。为了更加凸显这种区分，再用“红橙黄绿青蓝紫”7 种不同颜色来表示班级，每个班级都有自己的专属颜色。这是为了防止个别迟到的、掉队的孩子找不到班级时，其他老师可以通过颜色和数字快速分辨班级，找到对应的班主任，将学生送回班级。

3. 得力队长整队，助力快速排队

“知人善用”“在其位谋其职”，路队长极其重要，一位优秀的路队长能帮助老师解决很多排队问题。路队长的标准是什么呢？至关重要的标准是声音响亮，如果身高能再高点那就更好了。平时排队，一声声“全体立正”“向前看齐”，老师还未来到教室组织排队，路队长已经将队伍整顿整齐了。所以慎选路队长，事半功倍！

开学典礼顺利结束，第一天的校园生活也落下了帷幕，该到一年级老师“暮醒”的时间了，一年级老师第一个月每天留半小时，与学校各主管科室共同总结一天工作情况及反馈工作中的困难。一（2）班的林老师带着疲惫的声腔：“今天，幸好有学号帮忙，我们班的孩子才能在规定的时间内排好队，来到操场，要不然全校班级要等我们一个班级了。”一（6）班的陈老师也说道：“早上真的很郁闷，我们班有 5 个孩子的学号牌贴在胸口不见了，我都要急死了，我哪记得住 5 个孩子的学号啊！最后我反复叮嘱这 5 个孩子，记住前后同学是谁，幸好顺利排队来到了操场。我觉得下次我们要做两份学号牌，一份带回家贴在胸前，一份放在孩子桌子上，以备不时之需。”一（5）班的班主任也说自己班级出现了这种情况，下次还是要多做一份。不管怎么样，这“号码牌”帮助我们顺利度过了正式在校学习的第一天。

## 第 2 招　人人都是 C 位

### ——创意座位，C 位共享

### 故事在线

“老师，我家儿子从小就弱视，一直在矫正治疗中，麻烦老师把我家儿子的座位排到前面点，谢谢老师！”

“老师，我家孩子回家跟我说坐在最后一排看不见呢，麻烦老师换下座位，坐到前面点，谢谢老师啊！”

“老师，今天带孩子去检查眼睛，医生说孩子有点近视了，能不能帮小 A 换下位子啊？”

因为座位问题，老师常常会接到家长的诉求电话。如果不给换位子，觉得老师不近人情；如果给换位子，其他的孩子怎么办呢？换位子总会让老师陷入两难。

### 故事分析

家长普遍的诉求都是为了让孩子能在教室里拥有一个好位子，一个好位子能让孩子听课更加专注，学习成绩更加稳定。

家长有定势思维，总觉得教室里有黄金位子，而黄金位子就在第二和第三排的中间位置，如果孩子能坐在黄金位子，那真的是太好了；家长总觉得坐在最后一排，得不到老师的关注，老师会忽视孩子，即使孩子在上课时走神，老师可能也不知道；家长更担心孩子坐在特殊位子或者挨着特殊位子，被“特殊孩子”影响上课质量……家长总是会有这样或那样的担心。为人父母，时时刻刻担心孩子成长中的大小事，也是人之常情。

随着电子产品，特别是智能手机的普及，孩子玩电子产品的时间越来越多，导致现在近视的孩子也随之增多。以前，小学低段几乎看不到戴眼镜的孩子，但是现在进入低年级教室，零星会有几个孩子戴眼镜，随着年级的增高，戴眼镜的孩子越来越多，到小学毕业，几乎三分之一的孩子都戴着眼镜。全国体质调研的最新数据显示，我国小学生近视发病率是22.78%，100 个小学生中有将近 23 个人因为近视戴眼镜，这是一个非常高的数据。因为近视问题，要求老师调换位子的诉求越来越多。

孩子的先天性眼睛问题占比逐渐增长。有些孩子从上一年级开始我们就知道患有弱视，一直在矫正，要给予孩子适当的照顾。

## 锦囊妙计

为了避免“抢位大战”，在每学期开学初召开的家长会上，就明确与家长说定：在我们班级人人都是 C 位，无论你高矮胖瘦，都有机会坐到教室的最前面，也有机会坐到教室的最后面，所以不用和老师说换位子了，你的孩子都能轮到 C 位。

1.“同组互质、异组同质”，自主组队

同组互质：同组男女搭配，基础好的孩子帮扶基础稍弱的孩子，按照这样的原则搭配成一组。异组同质：班级共有 8 组孩子，每一组孩子的实力相当。

一个班级总有那么几个不是特别受同学们欢迎的孩子，我们得把这样的孩子提早纳入“照顾”的对象。

班会课上，我郑重其事地说：“孩子们，今天我们要换位子。今天换位子非常特别，我们要以四人为一小组的方式进行，四人当中必须要 2 男 2 女，由于我们班级男女生比例不协调，所以有两组小朋友是 3 男 1 女，并要选出一名小朋友当小组长，小朋友们开始商量吧！”教室里顿时炸开了锅：“我和你一组好不好？”“那个小 B 很讨厌，我才不要和他一组呢！”“老师，我们组已经选好人选了。”……

在孩子们的叽叽喳喳声中，一眨眼就到了我宣布小组长名单的时候：“请各小组选出本小组的组长。”“第一组。”“是我！”“第二组。”“是我！”……“第八组。”竟然没人响应。“请第一组到第七组按照教室里排好的四人小组位子坐下来。”我径直走到了第八组的位子旁，四个孩子都站在那里：有的红着眼睛嘴巴嘀咕着，有的摩拳擦掌好像心中有无限愤怒，有的却显得非常无辜，拉着旁边同学的手……“孩子们，你们怎么啦？”小 B 带着哭腔：“老师，他们都说不跟我坐。”说完便“呜呜呜”地哭起来。小 A 接着争辩道：“老师，小 B 真的很讨厌，每次都会动我的橡皮擦，拿了我的橡皮擦之后又不还。”“小 B 每次都摇晃我的椅子，让我没办法写作业。”小 C 接着说道。看来小 B 是无法和这一组组队了。

我把小 B 请到讲台前：“同学们，我们玩个游戏吧！”一听说玩游戏，同学们的劲头就来了。“我们来玩个‘优点大轰炸’的游戏！”我给每个小组分发了彩色纸条，请他们写出小 B 的优点，哪个小组写得多就获胜。我再请第八组剩下的三个孩子把小 B 的优点大声读出来。“乐于助人，有次给我送厕纸！”读到这一条，同学们大声地笑了出来。“善良，给我送糖吃！”座位上的小朋友好多都点着头：“有有有，也送给我吃了！”由于刚组队又有好胜心，顿时小B身上贴了好多好多优点条，我顺势问了剩下的三个孩子：“现在你们还愿意与小B成为同桌吗？”小A和小C都说自己愿意和小B成为同桌，但是小D始终没有表态，我知道他心里肯定还是不愿意和小B坐。“如果不愿意和小B成为同桌，也没有关系，我们再多点相处时间，互相了解后，也可以再成为同桌。”我把目光投向了全班孩子：“那么哪一位同学愿意和小B互换呢？”班级里总有几个是老师的“心腹”，顿时举起了几只坚定的小手。“那就小E吧，小B去第一组，小E去第八组，这样分配可以吗？”

这样温暖的事情，在每学期换位子的时候总会发生一两起，随着孩子们慢慢长大，懂得“人无完人”，懂得接纳，教室里换位子的风波也慢慢变少了。

各小组组队完毕后，接着便要开始组内的“团队建设”，可以引导孩子：你们这组的短期目标是什么？中长期目标是什么？学期目标是什么？根据组内目标给小组取一个响亮的名字。随之“奕菲冲天组”“天天向上组”“B & G组”……可爱的组名一个个呈现在班级的宣传墙上。

2. 每周一次大轮换

平时按照“插秧式”的座位，一周或者两周左右会轮换一次，那么小组位子轮换该如何进行，才能让每个孩子都享受到坐在不同位子上的乐趣呢？首先组内调换位子，A位子移到B位子，B位子移到C位子，以此类推，这样组内孩子距离黑板的角度每周都有变化。组与组之间进行小组轮换，第一组坐到第二组位子，第二组坐到第三组位子，以此类推。即使第三组是高个子孩子，也有机会坐到第四组相当于第一、第二排的位子。同样矮个子孩子也有可能坐到最后一排，为了让位子快速轮转，减少身高影响的因素，固定每周一是我们各组的“乔迁之日”。

为了让各组“租客”都能享受到优质的服务，每个孩子在“乔迁”之前，必须要把自己的“地盘”——桌面、抽屉、地面整理干净。这“乔迁之日”也是我们班的大扫除日，孩子们都把自己的“地盘”整理得干干净净迎接下一位“租客”。

“老师，这个位子好脏，我没有办法坐下去。”教室的左边发出了尖叫声，我顺着声音走到丁丁的座位：桌面用铅笔画得乌黑，抽屉里塞满了小纸屑，地上也有不少小纸屑。看着丁丁都要哭出来的神情，我把目光投到了刚刚“乔迁”的小刚身上，小刚躲闪着我的目光。“这个位子是小刚的。”丁丁的同桌大声告状，生怕老师没听见似的。“小刚，你过来看看吧！”我温柔而又坚定地对小刚说。小刚的脸一下子通红，缓步走到了我跟前，委屈地说：“老师，我本来想收拾的，但是小组要集体搬家，我来不及收拾了。”“那你说说该怎么办呢？”抛出问题让小刚自己解决。“老师，我马上收拾。”小刚立马拿来抹布擦起了桌面，丁丁也参与收拾抽屉，把抽屉里的纸屑全都放进了垃圾桶。教室里再次恢复了平静，大家继续“乔迁”。“乔迁”完毕的小组举手示意，我便送上“福”到小书签，鼓励孩子们在“新居”愉快地生活、学习。

小刚还比较温顺，能配合老师指令，但是也会碰到有个性的孩子，那又该怎么办呢？

3. 我的位子小组做主

把位子捆绑在小组当中，以赚积分的方式，让每一位组员都为自己的位子负责，为小组争光。每周一下午“乔迁”之前，小组内进行大扫除，每个人都要把自己的位子整理干净，由小组长负责检查，便可以集体“乔迁”。用心打扫地盘的小组，可以获得下一个小组的“满意点赞卡”，最高可以获得 5 张“满意点赞卡”，最少可以获得 1 张“满意点赞卡”，组长可以凭着“满意点赞卡”到老师处领取相对应的积分。将小组放置于“经商”的旋涡中，小组想获得更多的“利润”，就必须做得更好，其实这也是潜移默化地培养团队协作能力，提高与他人沟通、为他人服务的意识。

# 第3招　座位拍卖

## 故事在线

一个拍卖槌放在一张桌子上，拍卖师站在旁边，介绍着本次拍卖的座位："各位竞拍人，本次拍卖的是在我正前方'黄金座位'第4列第3排，座位拥有日限是十日，两个星期。起拍价格是5个竹芽章，每次2个竹芽章起拍。请各位竞拍人准备，接下来进行第一次竞拍。"担任此次拍卖师的是班长。拍卖师把手指向左边："请1号出价。"拿着1号牌子的小李出价："7个竹芽章。"此时右边的小黄举起了5号牌子出价："10个竹芽章！"小黄的出价似乎势在必得，但是后排的小李高高举起了9号出价牌："我出价13个竹芽章！"过了许久没人出价，拍卖师发话说："13个竹芽章第一次，13个竹芽章第二次，13个……"话音未落，"15个竹芽章"，3号小红高高举起她的出价牌。拍卖师紧接着说："15个竹芽章第一次，15个竹芽章第二次，15个竹芽章第……三……次，成交！恭喜3号竞拍者小红同学，第4列第3排位置属于你，你随时可以搬过去。"

"下面竞拍的是第5列第2排的位置，这个位置相对靠边上一点，座位拥有日限是十日，起拍价2个竹芽章，每次1个竹芽章起拍。下面开始竞拍，请有意竞拍的同学做好准备。第一次出价。"15号小李举起出价牌子："3个竹芽章。"看来他在试探其他竞拍者的底价。16号小胡出价："5

个竹芽章。”“7个竹芽章！”小李紧接着又出价。小胡也不甘示弱：“8个竹芽章。”“9个竹芽章。”小李再次出价，看来这两位竞拍者小胡和小李是要“扛”上了。“12个竹芽章。”小胡一次加价3个竹芽章。小李再次试探：“13个竹芽章。”小胡犹豫了。“13个竹芽章第一次，13个竹芽章第二次，13个竹芽章第三次，成交。恭喜小李同学。”我悄悄走到小胡同学身旁，问道：“你怎么没有再出价啊？”“老师，我没那么多钱啊！我的身价只有12个竹芽章！”小胡笑着跟我说。“加油！努力成为有钱人。”我打趣道。

“下面竞拍的是第3列第2排的位置，座位拥有日限是十日，起拍价3个竹芽章，每次2个竹芽章起拍。下面开始竞拍，请有意竞拍的同学做好准备……”拍卖师流利地说着拍卖的对白，依次对今天拍卖的位置进行拍卖。

两周一次的拍卖大会，在拍卖师的主持下有序进行。而最有意思的是班长一人分两角的拍卖会，为了抢夺自己心仪的座位，班长也是拼了。“2个竹芽章起拍。”话音刚落，班长马上到了自己的竞拍位置，抢答道：“3个竹芽章。”“5个竹芽章。”小李抢拍说道。班长再次举牌：“7个竹芽章。”19号小明举起竞拍牌：“10个竹芽章。”“11个竹芽章。”班长再次追价。许久，见没人再出价，班长缓缓走到拍卖师的位置说：“11个竹芽章第一次，11个竹芽章第二次，11个竹芽章第三次，恭喜我自己！”班长满足地做了个成功的动作，又继续组织拍卖会。

每两周，一半的孩子出让座位进行“被迫拍卖”，每一个“被迫拍卖”的座位都以不同的底价被班委收购，班委对每一个座位的底价进行登记。等完成竞拍后，如果竞拍价格超出底价，以一半的红利返回给原始座位拥有者，如：底价2个竹芽章，最后拍得10个竹芽章，出让座位的原始拥有者可获得一半即4个竹芽章的红利。如果竞拍价低于底价，由班委赔偿差价，如：底价6个竹芽章，最后拍得4个竹芽章，由班委赔偿2个竹芽章。这样稳赚的生意，原始座位拥有者也乐意“投资”。

## 故事分析

拍卖，商业中的一种买卖方式。把它搬进教室，这样合适吗？其实孩子们无时无刻不处在商业买卖的旋涡中：超市牛奶买一送一；商场打折买一件货品打5折，购满3件货品再打6折；电信流量，每月赠送5G流量保底消费38元……

“竹芽章”是班级的评价机制的依托，依托特色班级“竹芽班”，设计流通货币“竹芽章”，利用“竹芽章”虚拟货币的作用，让它在教室里流通起来，只有流通的货币才能体现它存在的意义。正如马克思所说：“商品流通直接赋予货币的运动形式，就是货币不断地离开起点，就是货币从一个商品所有者手里转到另一个商品所有者手里，或者说，就是货币流通。”正因为商品流通是货币流通的前提，货币流通是商品流通的反映，所以货币流通被商品流通所决定、所制约。班级已经有虚拟货币“竹芽章”的存在，那么就要利用教室场域制造更多现实中的“商品”。座位是“商品”，图书借阅是“商品”，文具是“商品”，甚至同桌也是“商品”。

利用拍卖“商品”这种有趣的形式将“商品”流动起来或者说将“货币”流动起来，自然刺激“货币”的拥有权。如何得到“货币”拥有权？只有努力学习才能得到更多“竹芽章”，即班级虚拟货币。

## 锦囊妙计

1. 两周一半竞拍者

“孩子们，本周有第一、三、五组的座位拿出来竞拍，请第一、三、五组座位拥有者在登记表上填上座位底价或者说你心目中的底价，座位无好坏之分，只是在你心中的底价会不一样，但是请注意底价不超过 5 个竹芽章。写好座位底价后不能让同伴知道，自己心里有底就可以了。”话音刚落，孩子们刷刷地写好座位底价上交给班委，孩子们已经非常熟悉这一套流程。班委一一登记便于最后的核对，紧接着给每位一、三、五组座位的同学分发一个小型的竞拍序号。“如有心仪的座位就可以举牌竞价，不举牌口喊竞价，属于无效行为，一定要举牌竞价。”孩子们饶有兴趣地看看自己手中的竞价牌。“那么另外三组同学这周先不竞拍，下周再轮到你们。”两周小轮回，三周大轮回，让每个座位都体现它的“商业价值”，让每个人都能得到“红利”。

2. 教室处处是商机

我想和谁成为同桌，也可以通过“价高者得”的形式和心仪的同学成为同桌，当然阔绰的你，同时竞标两个座位，送一个给同桌也可以。

图书也可以成为“商品”，用 1 个竹芽章借阅 1 本书、2 个竹芽章借阅 3 本书、3 个竹芽章借阅 5 本书，促进班级图书借阅，增加班委收入，这是“双赢”的生意。当然要付出足够的努力才能赚得更多竹芽章，这就是定班规赚钱：书写 10 颗星获得 1 个竹芽章；作业本全对获得 1 个竹芽章；考试 95~99 分获得 2 个竹芽章，100 分获得 5 个竹芽章；值日满分全小组成员获得 2 个竹芽章……在教室里踏踏实实地努力“工作”、学习，你获得的竹芽章越多，只有拥有更大的“财富”才有说话的“硬腰板”，拍卖时才能显示你的“豪气”。

3. 人人都是理财者

班级还推出了“竹芽银行”，鼓励班级的“富豪”将所得“竹芽章”存入银行，在银行“利滚利”。“利滚利”的方式就是学会理财，“竹芽银行”推出存钱赚利息的业务：5个竹芽章起存，存一周获得1个竹芽章，存两周获得2个竹芽章，以此类推。假如你手上有30个竹芽章，你怎样存最赚钱？我们还专门请了数学老师帮助孩子上了一堂“小小理财师”的课程，可以将30个竹芽章分开存……孩子们决不会把手头上的竹芽章全部握在自己手里，一定会存入“银行”，在“拍卖会”之前有足够余额可用的情况下，精打细算地存入“银行”。

一个小小拍卖会引出的是如何抓住身边的商机、如何理财的问题，这些在“一本正经”的课堂中是学不到的，创设不同的生活情境，将孩子置身于情境中，才会学到课堂中学不到的知识与技能。

# 第4招　送你N朵小红花
## ——创意奖卡，省时省钱

### 故事在线

一月一次礼物大兑换的日子就要到了，一大早，小红就来试探我："老师，今天我们换礼物吗？"一双期待的眼睛看着我。我看着她那天真的样子，笑着说："换，当然换啦！你准备好了吗？""早就准备好了呢！"小红一脸得意的样子。

中午吃完午饭，孩子们格外乖巧，没有像平时一样到处奔跑，而是早早地来到教室，把自己需要兑换积分的本子全都拿出来：语文作业本、数学作业本、听写本、作文本……桌子上铺满了需要换分的本子。我走进教室，孩子们迫不及待地一拥而上，站在我旁边排着队，这种急切的心情全都写在了脸上。"老师，快点换分吧！"孩子们一直催促着我快点换分。"孩子们，都先回到座位上，老师把换分的规则说一下。"孩子们失望地回到自己的位置。"换分规则：本子上每一课全对的可以得到1分，书写漂亮的10颗星可以得到一分。孩子们，先自己试着算一下，可以得到几分。"教室里一下子都是翻书的"唰唰"声，有的孩子边翻书边念叨着：

“1 分，2 分……”有的孩子生怕自己记错了，左手翻着书，右手拿着笔在笔记本上认真地记着分数，每个人都在心中打着自己的“如意小算盘”。

“孩子们，现在我们开始兑换积分！为了充分利用静校时间，我们一组一组轮换过来，还没轮到的小组，可以在位置上做自己的事情。我们先从第一组开始兑换。”话音刚落，第一组的小朋友已经“咻”地来到我的身边。“你一共有几分啊？”我看着小林的本子说。小林得意地说：“老师，我这个月积攒了 20 分呢！”小林捂着嘴巴笑。“恭喜你啊，小林，让老师再帮你核对一下。”我拿着笔，对照着小林的本子，“全对得 1 分，书写真漂亮，一共 10 颗星得 1 分……一共得到 20 分！小林，你的数学真好！给，你的 20 分拿好喽！”小林小心翼翼地接过积分卡，边走边笑着回到自己的位置。全班 36 个孩子依次兑换好分数。

接着就是孩子们最期待的环节：积分换礼物。孩子们看我迟迟没有拿出礼物来，急切地询问着：“老师，礼物呢？”“老师，我们什么时候换礼物啊？”“老师……”我故作神秘地拿出了一打彩纸：“孩子们，你们的礼物全藏在这里！”“啊，怎么可能？老师你肯定在骗我们！”“今天，你们就是礼物的设计者。老师手里这一打花形彩纸，同学们可以在上面设计礼物，这次设计的主题是爱吃的零食。设计结束后，在右下角写上自己的名字哦！你的设计作品很可能就会成为其他同学的奖品，大家要发挥最好的水平。”我边说边在黑板上示范着，孩子们饶有兴趣地听着。

我给每个孩子发了 5 张花形彩纸，孩子们立刻开始创作。彩虹糖、棒棒糖、薯片、可乐、海苔、橡皮糖、冰激凌、蛋卷……班级成了零食的海洋，孩子们边画边讨论着：“我最想吃肯德基新出的冰激凌了。”“我最想吃彩色橡皮糖，长长的那种，平时我爸妈都不让我吃，说不健康！”“我想吃小吃街那个蛋卷，脆脆的，香香的……”孩子们说着还吸溜下小嘴巴。平时家长不让吃的、想吃却吃不到的，孩子们全都画在了花形彩纸上。

“孩子们，拿好你的分数卡，10分可以抽取1张红花奖卡，你准备好了吗？”“准备好了！”全班孩子齐声回答道，声音格外响亮。“1号同学请上来。”1号小林快步走到抽奖箱前，搓了搓手，再在手心呼了口气，慢慢地将手伸进了抽奖箱，摸来摸去，迟迟不肯把手拿出来，摸了好久才抽出了两张花形奖卡。“薯片！可乐！耶耶耶！”小林亲了下她的奖卡，回到了座位上。“2号小谭同学请上来，3号请上来……”全班孩子沉浸在零食的欢乐中。

“孩子们，你们想不想一下子拥有很多很多的礼物呢？”“想！”孩子们异口同声地回答道。“现在请把你们抽到的红花奖卡写上自己的名字，然后来到教室后方，老师将你们的红花奖卡都夹到你们专属的奖励栏上，等到期末的时候，根据奖卡上的礼物，一次性奖励，你们就可以大丰收啦！”孩子们排着队来到教室后方，我将他们的小红花夹到他们的专属栏中。看着他们自己的小红花，孩子们满意地回到了自己的位置上。为了不让孩子们太失望，我给孩子们每人准备了一颗糖，让他们先尝尝“积分换奖卡”的喜悦。

## 故事分析

都说少用物质奖励，鼓励精神奖励。但是对于小学生，特别是低年级的学生来说，我们更多的是想用“直观奖励”激励孩子。而物质奖励更加直观，告诉被奖励的孩子：你做得很棒！你这样做是对的！久而久之，学生会将老师所要期许的、想要达到的要求记在心里，这样的办法更直接。在孩子的学习中，如果适时采用合理的物质奖励，起到不断强化的作用，这也是一个使小学生的心理不断受到外界刺激的过程，而物质这一角色就起到了刺激的作用。与其不停地对着一群满脸无辜的孩子说教，告诉他们什么是不能做的，什么又是错的，还不如让他们明白做到了哪一点就会有奖励，不但能让孩子的荣誉感保持得久一点，更能让他觉得老师的这种办法很有新意。

故事中的“积分”奖励政策是很多班级常用的评价方法，“积分换礼物”的方法更是常见。用“红花奖卡”暂代礼物，再引导学生自己设计“红花奖卡”，自己设计的礼物得到全班同学的喜欢，自豪之情油然而生。我们常常在课间听到：“我抽到了你设计的红花奖卡，真幸运！”再将“红花奖卡”贴在教室后方的评比栏里，既是班容班貌里一道亮丽的风景线，又是隐性激励学生的指挥棒。为什么说是隐性呢？孩子的红花奖卡叠放在一起夹在宣传栏里，并不知道红花奖卡的数量，只有红花奖卡的厚度，保护了基础稍弱的孩子的自尊心。每一个孩子都有自己专属的位置，都在为之努力。

期末到了，总会评这个优秀、那个优秀的，“红花奖卡”就是平时努力的见证，数一数奖卡的数量，便知道孩子平时的努力程度。把评价放在平时的过程中，不再以最后的考试成绩片面地评价一个孩子一学期的努力成果，注重平时的评价过程，让评价更加全面。同时，也为期末奖品省下一笔不少的费用，奖卡有几张，礼物就有几份，这些礼物就作为期末结业典礼的奖品。一个学期下来，最少的孩子有四份奖品，最多的孩子可能会有十几份，保证了人人都有奖品，起到了全员鼓励的作用。

## 锦囊妙计

1. 全面细化积分明细（见表 1-1）

表 1-1　积分明细表

| 项目 | 内　容 | 形　式 | 适用科目 |
|---|---|---|---|
| 上课 | 上课举手被老师提问，得 1 星 | 上课直接奖励 | 全科 |
| 课间 | 做好事，如主动捡起垃圾、帮助同学、打扫教室卫生、整理小组桌椅等，得 1 星 | 报告班长，进行奖励 | |
| 作业 | 每一课作业书写全对，得 1 分 | 老师直接登记 | 全科 |
| | 每一课字迹端正，获得 10 星，得 1 分（老师会在书写端正的字迹下面画星星） | 老师直接登记 | 全科 |
| 值日 | 小组值日得满分，各组员得 1 分 | 劳动委员记分 | |
| | …… | | |
| 备注 | 积分一月统计一次，10 个积分换取 1 份礼物，依次类推 | | |

一位班主任除负责一门课务的教学外，还要全面负责班级的运作，其实是班级孩子的大家长，因此在出台班级积分奖励政策时，要考虑到各门功课的共性，形成各科老师易操作的奖励机制。因此，全面奖励机制包括孩子们在校园生活的方方面面，如课程、行为习惯、作业等。细化明细，如何获得积分，如何兑换积分，有明确的要求和操作办法。由于孩子们的能力有限，奖励明细不宜太多，越多越糊涂，越多越做不好，因此重点选择几条进行实际操作，在孩子们熟知这几条奖励明细后方可根据情况慢慢增加奖励明细，循序渐进地增加明细就是提高对孩子们各方面的要求。孩子们也会慢慢跟上老师管理的步伐，规范各种行为习惯。

2. 精心设计红花奖卡

跳过物质奖励，以红花奖卡的形式积累奖品，不能唯物质而物质。红花奖卡的第一轮设计出自老师，以红花为模型，选取不同颜色的纸张，裁剪花儿形状。第二轮设计来自孩子们，每个月有不同主题的奖品，鼓励孩子们设计红花奖卡，有零食主题的，有文具主题的，有拼搭主题的……这些主题都是孩子们生活中可见的、热爱的，因为熟悉，设计起来更是得心应手。落款的设计者署名非常重要，这架起了设计者和抽奖者之间友情的桥梁。

3. 显性奖励、隐性激励

在“以学生为中心”的大背景下，无论是课程还是活动，需要指向全员，并不再局限于指向优秀生、拔尖生。红花奖卡让基础薄弱的孩子“跳一跳摘到苹果”，比如设计更低的奖励要求——举手发言、字写端正、做好事等，这些要求的受众面广，孩子们是可以达到基本要求的。这些要求隐隐地激励着平时不受老师关注的孩子，别人有奖卡，我也有奖卡，只要努力就可以得到更多的奖卡。

期末到了，发大奖的时刻也要揭晓了！孩子们各自摘下宣传栏上的红花奖卡。“我有 10 张奖卡。”“我有 8 张奖卡。”“我有 5 张奖卡。”……孩子们一边数着奖卡，一边对着奖卡上的奖品两眼冒着火花。“孩子们，你们有几张奖卡就可以获得几份奖品哦！”“耶耶耶！太好了！”孩子们欢呼着！“奖卡都先放到老师这里保存，我让家委对照着你们的奖卡准备礼物。”孩子们把奖卡逐一交给了我，并且嘱咐着：“老师，千万不能把我的弄丢了！”“老师，要小心保存啊！”

“孩子们，奖品到！1 号小朋友你的奖品，2 号小朋友你的奖品……”孩子们迫不及待地拿出袋子里的零食，“嘎吱嘎吱”地吃起来；也有的小心翼翼地数着奖品的份数，生怕老师弄错了；更有的和同桌介绍着奖品的式样……每一份私人订制的奖品，都是靠平时努力得来的沉甸甸的果实。我在黑板上写上：不积跬步，无以至千里；不积小流，无以成江海。孩子们安静下来，一起念着语文书中刚学过的名言。

# 第5招　班长周周说

## 故事在线

1.荣休演说

“同学们，这一周经过同学们的共同努力，我们取得了五星班级的荣誉称号，全校只有五个班级取得了这项荣誉。虽然我们取得了五星班级的荣誉称号，但是我们在礼仪项里扣了1分，周二有一位同学忘记戴红领巾了，希望我们能睡前整理好第二天要穿戴的物品，不能再忘记了。在卫生项我们也扣了1分，查看原因是，中午打分员来打分，恰巧一位同学抽屉里的纸屑掉在了地上，没有及时发现，也希望同学们及时整理自己的抽屉，做个会整理的人。这个星期大家为了班级合唱比赛，都非常卖力，我们真的是中午练习、放学练习。让我们撸起袖子加油干，希望在下周比赛中能取得好成绩……下周接力班长——小王，有请小王。”随着“班长周周说”落下帷幕，小黄同学顺利完成本周值周班长的使命，郑重地将值周班长的袖章交给了小王，完成了值周班长的交接仪式，下周由小王接管。

“班长威武！”

“班长讲得太好了！”

“下周的班长要加油啊！”

2. 就职演讲

小王走上讲台，接过小黄的袖章以后，便开始侃侃而谈：“下一周轮到我当值周班长，我一定不负上一任值周班长小黄的重托，带领同学们做好常规的同时，努力练习合唱歌曲，为班级争光。同学们，请和我一起努力吧！”教室内响起了热烈的掌声，每一次交接仪式，同学们都会给下一任值周班长掌声，以资鼓励，因为总有一天自己也会轮到当值周班长的。“谢谢小王的就职演讲，希望下周在王班长的带领下，我们班级的常规会越来越好，我们的合唱比赛也会取得好成绩。”我接过小王的话往下讲。

“班长周周说”后，交接仪式在孩子们的欢呼声中顺利完成，开启了新一周的值周班长工作。

## 故事分析

班主任能想出很多治理班级的好方法，但最苦恼的便是如何监管“管理者”的问题。班主任能设计多种表格，让小干部们通过表格打分管理同学们。小干部们是班主任精心挑选出来的品学兼优的学生，所以在管理同学们时能做到认真负责，班级也被管理得井井有条。但是小干部们到底工作得如何？只看到小干部们的工作结果，而工作的过程却没有被评估。

《小王子》里说，仪式感就是使某一天与其他日子不同，使某一个时刻与其他时刻不同。仪式感可以让我们对在意的事情怀有敬畏心理，它能唤醒我们对生活的尊重，为每一个普通的日子和动作，标定它背后的精神内涵。在庄重的“班长周周说”仪式下，值周班长对本周值日工作进行总结，反思管理的形式与内容。这一周的工作在“班长周周说”的仪式感中接受同学们的监督。值周班长将袖章交给下一位值周班长，包括应承担的责任，这种责任是仪式感所赋予的。所以我相信任何一项小活动，它的仪式感的内涵庄重而有意义，足以让平凡的日子散发出光芒。

## 锦囊妙计

1. 民主选举——值周班长

“同学们，今天老师送给你们一个词——‘民主’，谁来说说对民主的理解呢？”我把“民主”两个字写在黑板上，让孩子们自由发言。小张举起手说：“是不是这样，当大家对一个问题争论不休的时候，我们就举手表决，少数服从多数！”小红也举起手说：“期末选三好学生时，我们举手表决选谁或者不选谁，这样算民主吗？”“还有不一样的想法吗？”我继续追问着。在我的追问下，小李站起来说：“我们自己的事情自己说了算！”“同学们说的都有一定的道理，字典里说民主指人民发表意见、参与国家政治生活和国家管理的权利。那么，同学们，教室是我们大家生活、学习的主要场所，你觉得教室里应该谁说了算？”“老师！”小李不假思索地说。可能平时老师管理过多，让孩子们有这样的感觉。小张高高地举起手，说：“老师，我觉得应该是我们自己，因为我们是为自己读书。”“对，我赞成小张说的，应该是我们自己，我们才是教室的主人，老师是我们的引路人。”小红迫不及待地说着。

“同学们，你们说得对极了，教室的主人就是你们，教室的民主管理应该由你们说了算。该如何体现你们是教室的主人呢？该如何体现我们班级的民主管理呢？”一连两个问题，孩子们都陷入了沉思。“我再送同学们一个词。”我在黑板上顺势写下“值周班长”四个字。小红从位置上站起来，兴奋地说着：“对，老师，值周班长好！三年级的时候我们当过值日班长，现在六年级了，我们绝对能胜任值周班长。”小李也补充道：“老师，就让同学们轮流管理，一周一个值周班长，一个值周副班长，两个班长一起管理，我觉得这个方法能让全班的同学都有机会管理班级，这样是不是体现了班级民主呢？”“孩子们，你们对民主的理解非常到位，班级的主人应该管理班级。那我们这样，按照学号来可以吗？”小李说到轮流管理已经说到我心坎儿里去了，但是小丁站起来反对小李的建议：“老师，我觉得轮流管理不行，应该谁想先当值周正、副班长谁先来，不是说兴趣是最好的老师吗？有兴趣管理才能管好啊！”“那也行，那接下去一周谁先来？”我顺势问着，孩子们“刷”地举起了他们的手，“那这样，先请我们的正、副班长当值周正、副班长，先打个样，同意的同学请掌声通过。”

“掌声通过”，这可是我们正式表决会议时才有的仪式感，这下让孩子们也体验了一番。

2. 民主管理——班规大家定

“既然有了民主选举，我们确定了‘值周正、副班长’管理班级，那是不是应该也有民主管理的一些规定呢？值周班长管理的范畴是什么？哪些可以管哪些不可以管？用怎样的形式管呢？同学们以四人为小组商量一下吧！”四人小组积极地商讨着。

走到第一小组旁，他们的讨论非常激烈：“我觉得要用打分的方法对同学们进行管理，要不然没有凭据啊！”“我觉得可以用贴贴纸的方式评价，以奖励为主，一周到了看谁赢的贴纸最多！”“贴纸的方式虽然好，但是浪费啊！”……

第二小组讨论也异常激烈：“我觉得我们现在应该讨论怎样管理，而不是讨论用什么方式管理，也就是说要重新定一下班规，你们觉得呢？”“我赞成先把班规定下来！”此时小红抬头朝向我说：“老师，我们把班规拿出来重新定一下，然后再商量用什么方式管理，这样好吗？”我向小红竖起了大拇指。

走到讲台前，我说：“同学们，小红同学建议要先把班规定下来，这是我们班级原来的班规，我们也民主投票，如果赞同保留这条班规，咱们就举手表示赞同，好吗？”同学们要践行“民主”的权利，个个跃跃欲试，一本正经地行使自己的权利。“第一条：7:50到班级开始早读，迟到扣1分，同意的举手。”40人参投，38人赞同。“第二条：下午托管前可以吃点心，同意的举手。”40人参投，有22人同意，18人不同意。“少数服从多数，通过。第三条……”

“既然我们班规已经通过，可以先试行，过一段时间我们还可以再修订。我们就按照班规以记分的方式来管理同学们的常规，同意的举手！”数着同学们举起的小手，我说，“全票通过！”

3. 民主监督——班长周周说

民主生活更需要民主监督，值周正、副班长监督同学们的常规，同学们通过“班长周周说”来监督值周班长行使权力时的公平公正。

“谢谢同学们这一周对我工作的支持。下一周哪位值周班长来试一试呢？”小王同学郑重地卸下自己值周班长的袖章。

“小黄，小黄……”小黄的呼声最高，他淡定地走上台，接过了小王手中的袖章和管理登记分数的本子。

“小黄，你想任命哪位同学当你的副班长呢？”

“请小林同学当我的副手，担任下一周的副班长！”小王的副手小安把值周副班长的袖章交给了小林。

最高权力行使者有直接任命的权力，循环往复，六年级一整年每一位孩子都有机会当值周班长。在孩子们六年级的学习中注入了“民主”“公平”“公正”的价值观，相信他们在成长路上一定会成为这样“正”的人。

# 第6招　考前：耳旁魔语

## ——创意鼓励，让孩子信心倍增

### 故事在线

马上就要期末考试了，隐约能感觉到孩子的紧张，我该如何激励孩子在考前给自己增加信心，相信自己一定能考好呢？我想到了小时候我的班主任把我叫到办公室鼓励我一定能把数学考试考好的情景，我想老师的肯定对孩子来说效果应该是最好的。我便想到了“耳旁魔语”，就是“故弄玄虚”地在孩子耳旁说上几句独属于他的鼓励话语。

期末考试前一天的最后一节课，铃声刚响起，我双手叠放在后背，缓步进入教室。“孩子们，今天老师的手不能放在前面，必须要放在后背，刚刚我在办公室的时候，突然外星精灵来到办公室，将我的手施了魔法，他让我把魔法传递给你们，被施魔法的小朋友是最幸运的小朋友，明天考试一定会取得好成绩，你们想试试吗？”全班都欢呼起来：“老师，我想试试，我想试试！”看到坐在角落的小明兴致不高，似乎在质疑我的话语。“小明，你要不要先试试？”小明只是微笑。“小明，请看！”我从后背的腰间拎出了一个魔法袋，顺势将魔法袋展示给全班同学看，“这个魔法袋里能变出很多东西，小明，你上来摸摸看，证明下这魔法袋里啥也没有！”我走到小明的位置上，小明的手伸进去，确实是空空的，啥也没有。“小朋友们，你们信不信，我会变出棒棒糖！”几个调皮的孩子起哄：“我才不相信呢！”“不信不信。”我将手慢慢伸进魔法袋：“变变，变变变……”我一下子拿出一根棒棒糖，孩子们眼睛瞪得溜圆，纷纷说：“老师，送给我！送给我！”我径直走到小明桌前，将棒棒糖送给了小明，此时小明的眼神不再呆滞，对老师手上有魔法是深信不疑了！

“现在老师要把幸运魔法送给每一个孩子，精灵们为每一位孩子都准备了不一样的幸运魔法，被精灵们施了魔法后，可不能告诉其他同学，要不然魔法就不灵验了，还没轮到的孩子，可以安静地在自己的位置上好好复习，越努力复习魔法也会越灵验。魔法开始喽……”我走到第一排的小林旁边，舞动着双手，嘴里念着：“嘛咪嘛咪哄，精灵魔法来了，小林是个非常聪明的孩子，明天的考试要看清题目，你一定会取得好成绩！相信自己，小林加油！嘛咪嘛咪哄，变变变……”我从魔法袋里拿出一根棒棒糖送给小林，小林看得一愣一愣的，欣然接受了棒棒糖，瞬间露出了笑容。紧接着，我走到了小林同桌的旁边，继续挥舞着魔法袋，时不时还转个身，嘴巴不停地念叨着：“嘛咪嘛咪哄。”我凑到小林同桌小张的耳边：“精灵魔法来帮你，小张，你明天一定会取得好成绩，只要把字写端正，一切都没有问题。嘛咪嘛咪哄，变变变……”我又变出一根棒棒糖送给小张。我依次地变着魔法：“计算时要注意加快速度、看拼音写词语时要把拼音拼正确、对自己有信心、你是个聪明孩子……”将每一个孩子的小缺点都融进了精灵魔法里，耳语给他们。这“耳旁魔语”属于私人订制，每个人都不一样，孩子们显得特别心满意足。我顺势接着说：“每个孩子都被精灵施了属于自己的魔法，孩子们，现在你们有什么想说的吗？”小连高高举起小手：“明天考试我要把字写端正。”小林也举起了小手：“我明天数学题要认真思考。”……“好的，孩子们，你们是被精灵眷顾的孩子。”我把“考试温馨提醒”发给孩子们，让孩子们端端正正写下专属自己的“考试温馨提醒”。让孩子们把写好的纸条贴在自己觉得最显眼的地方，考试时能时时提醒自己。

## 故事分析

有一个真实的心理测验：今天是考试日，小丁在路上捡到了50元钱。他觉得自己今天特别幸运，一路上欢呼雀跃，连蹦带跳地来到了学校，把捡到的50元钱交给了老师。老师在全班同学面前表扬了小丁是个拾金不昧的孩子，值得全班同学学习。平时小丁的成绩属于中等，而这一次考试却意外地获得了90分的好成绩。

这属于心理范畴的心理暗示，是指人接受外界或他人的愿望、观念、情绪、判断、态度影响的心理特点。这是人们日常生活中最常见的心理现象。心理学家巴甫洛夫认为：暗示是人类最简单、最典型的条件反射。从心理机制上讲，它是一种被主观意愿肯定的假设，不一定有根据，但由于主观上已肯定了它的存在，心理上便竭力趋向于这项内容。我们在生活中无时无刻不在接收着外界的暗示。比如，电视广告对购物心理的暗示作用。

期末考试来临，由于平行班级众多，科任老师也有一定的心理压力，希望孩子们在最后一次考试中能取得好成绩，也是对自己一个学期辛苦工作的肯定。但是孩子毕竟是孩子，对自己的优缺点认识不到位，如果直截了当地提出期末考试需要注意什么，对于千篇一律的温馨提醒，孩子是没有期待的，有些孩子更是当作耳边风，听过就忘记。

低年级的孩子对生活中的任何事物都保持着一颗好奇心，对于“魔法”更是兴趣盎然。一天 24 小时，老师有 8 个小时是和孩子在一起的，老师是了解孩子的人之一。将每一个孩子的优缺点通过“施魔法”的形式告诉他们，增加了神秘感，而且每一个孩子的“耳旁魔语”都是不一样的，更加有针对性，孩子能通过神秘的“耳旁魔语”知道自己的缺点在哪里，并且写在“温馨提醒”条上，这样对考试的注意事项认识得更加深刻。同时，“耳旁魔语”对孩子进行一一鼓励，这是种积极的心理暗示，能帮助孩子更好地调适考试的心理状态。

## 锦囊妙计

“耳旁魔语”考前积极心理暗示适合于低段学生。幼儿园到小学，生活、学习环境转变，部分孩子没能及时适应小学生活，对学习缺乏兴趣，学习比较吃力，导致长期跟不上进度，又缺乏赶上去的勇气和毅力，教师也没能及时地给予鼓励，挫伤了学生学习的积极性。因此，他们要么在课堂上东张西望，魂不守舍；要么在课堂上打瞌睡。长此以往，会产生消极的情绪。“耳旁魔语”用另外一种方式对孩子进行积极的心理暗示。“你是可以的！”这属于暗示中的与他暗示，小朋友和老师相处的时间较长，来自老师的积极暗示对于孩子来说非常重要，如“老师没有放弃我，对我没有失望，我更要努力学习”，最终形成自我积极的心理暗示。

1. 罗列特点，降低“魔语”雷同度

低年级的孩子心智未成熟，无法同时关注多个点的信息，因此，在“耳旁魔语”之前，我们要罗列出孩子在学习或者生活上最需要改正的点，引导孩子关注一个最突出的点。将孩子的特点罗列出后，我们会发现孩子共同要改正的点就那么几个，如字写不端正、不会检查、不会审题……如果雷同的特点过多，必将引起孩子的质疑，虽然这个活动的过程都是点对点对着一个孩子的耳旁说的，但是孩子下课后不免会询问同学：“精灵和你讲了什么？”如果发现精灵讲的话是一模一样的，会导致孩子对“耳旁魔语”的信任度降低，那么这个活动也就失去了它的效果。因此，罗列孩子的特点要降低雷同度。

2. 故弄玄虚，增加“魔语”可信度

“耳旁魔语”这个考前激励法必须要“故弄玄虚”，只有吊足了孩子的胃口，孩子才会对这个活动产生好奇，才会投入到活动中去。只有足够投入，才能让活动的可信度增加，可信度增加后，积极的心理暗示就会增强。从刚开始“魔法袋变糖果”消除部分孩子对活动的质疑，再接着充分利用手口配合，增加私人订制的“耳旁魔语”的仪式感，如“嘛咪嘛咪哄”“变变变”等词都能增加这个“耳旁魔语”的仪式感，让学生对这个活动深信不疑。

3. 听说读写，增强“魔语”有效度

听说读写完美配合，才能让习得的知识印象更加深刻。因此在“耳旁魔语”活动结束后，让学生谈一谈自己的感受，虽然前面的规定是不能告诉别人精灵和你说的话，但是天真的孩子还是会顺着老师的诱导谈自己的感受，这些“感受”就是孩子考试时要注意的事项。听进去了还能说出来，再把它写出来，孩子对自己的认识会更加清晰。写下专属自己的“温馨提醒条”，张贴在桌子上最显眼的地方，时刻提醒自己该如何做才会得到最佳效果。

以上三条锦囊顺序不能颠倒，只有在充分感受的前提下，再写下自己的感受，使孩子印象深刻，积极心理暗示效果才会达到最佳。当然对于高年级而言可以把考前激励过程拉长，以“短期目标”来诱导学生努力学习，也可以用“名人馆”的方式，激励学生选择一位名人为榜样，学习名人的学习态度、为人处世，以此来激励自己。

第二天数学考试时，我偷偷躲到教室后面看孩子们考试，惊奇地发现，孩子们考试的纪律变好了，东张西望的现象也少了。平时，写完就做动作的小东，竟然低头在检查自己的试卷。走到窗户旁，我看到小东桌上的“温馨提醒条”写着“仔细检查”。而远处的小林，抓耳挠腮的，似乎想不出题目的答案，看着她痛苦的样子，老师都替她着急，但是她似乎没有放弃的样子，继续在思考着，这思考的表情真好看！

下课后，我来到小林的位置上，看到她的“温馨提醒条”上写着“努力思考”四个大字。小林是一个碰到困难就寻求家长或者老师、同学帮助的孩子，平时不喜欢积极动脑，总是喜欢依赖别人来完成自己的任务。看到她有一点点的转变，我真为她高兴。

终于等到期末考试揭榜的时候了，平时班级总有几个孩子成绩不够理想，导致班级的优秀率不够高，这次班级优秀率竟然意外地达到了 68%。再翻开积极动脑的小林的试卷，数学成绩 89 分；小东的数学成绩 95 分……每一个孩子都在自己原有的基础上有所提高。虽然分数不能衡量孩子的全部，但是分数的显性激励对孩子来说是积极学习的显性原动力。

不仅是分数，要从多方面对孩子进行赏识教育，挖掘孩子的天赋，引导孩子积极暗示，总能为孩子开辟一条属于自己的阳光大道。

# 第7招　三联作业反馈表：转让学习主动权

## 故事在线

“老师，今天的数学课堂作业本还没交的有王同学、朱同学、李同学……我记不清了，反正有很多同学没有交。”数学科代表委屈地告诉数学老师，似乎没有完成某项伟大的任务。“你真是个负责的孩子，剩下没交作业的同学，老师来通知！辛苦你啦！”我安慰着数学科代表，看得出他对没有上交作业本的同学很恼火！

“老师，语文课堂作业本也有很多同学没有交，但是我不知道是谁，反正没有交齐。”语文科代表也委屈地说着。“好的，我知道了！交给老师吧，你先回座位。”

每天早上到校交作业，不是这个就是那个作业本没有上交，科代表觉得没有收齐作业本是自己失职了，一早就收到学生的作业反馈，老师心里也恼火！

“同学们，今天课堂作业本第15课都订正了吗？”教室里鸦雀无声，一副岁月静好的样子。当复批作业本时发现，王同学没有订正，李同学没有订正……此时，老师火气就上来了。“明明布置了订正作业，你看，还有这么多同学没有订正。”

“连老师，你们班的小朱已经三次没有上交作业了，怎么催也没用！还有小林，连续5课没有订正了，让他订正就是不订正，或者订正了也不给我看！还有小李3课没有订正，小红2课没有订正……你说怎么办啊？这样的学生真的没法教了！”数学老师非常生气地跟我抱怨着，还把这几个孩子的作业本甩在我面前，我竟一时语塞。“李老师，别着急，哪几个孩子，把名单给我，我把他们的作业催过来，辛苦您了！”我只能在一旁一味地道歉与劝导。

这时，英语老师也来告状了：“哎哟，这个小朱的英语作业也是一样，就是不上交也不订正，真的拿他一点办法都没有！英语作业还有小张、小方、小布没有上交。哎！当老师真难啊，好像读书都为老师读似的。”“两位老师都不要动气，毕竟孩子不懂事，我来想办法教育，你们放心！”

“数学科代表，最近交作业还顺利吗？”

“老师，自从有了这个‘作业反馈表’，我收作业轻松多了，一看学号就知道谁没有交，再也不用记这么多名字了。而且现在不交作业的同学越来越少了，因为有‘满分星’的奖励啊！”数学科代表手舞足蹈地和我说着。

“李同学，这次语文考试有进步哦，继续努力！”

“老师，我现在每次都交作业，因为不交作业，我马上就会被抓住的！”小李低下头不好意思地说。

随后，我翻了“作业反馈表一联”，原来交作业懒懒散散的小李，这两周在“作业反馈表一联”中没有他的名字。这不仅对他有督促作用，还提高了他的学习积极性。

“我跟你说，你们班最近上课状态特别好，作业上交得整整齐齐的，都不用我催。订正作业也主动多了！”数学老师一进办公室就到我的座位上表扬孩子们的进步。“没有啦，都是李老师引导得好，教得好！这帮小朋友，让李老师费心了！”我满怀感恩地跟数学老师道谢。

“哎呀，最近这个2班不知道怎么回事，上课状态很好，这次单元成绩也考得很好，100分的就有10个呢！”英语老师在和隔壁班的英语老师说着。

我在心里暗暗欣慰，改变一点点管理方式，可能对孩子来说就是大改变。

## 故事分析

这样的场景在校园内时常发生，为难了科代表，气坏了老师。

办公室埋怨的场景，向班主任告状的场景，也是时时在线。作为班主任，作为一个班级的大家长，只能抚以安慰，自己默默承受！当科任老师表扬班级孩子进步时，班主任也会露出“老母亲”式的微笑。

每一个孩子来自不同的家庭，家庭教养的方式也各不相同。有些家长全身心投入孩子的教育中，每一天的家庭作业都会及时关注并且订正、巩固错题。而有些家长的教育理念不一样，认为孩子的学习应该自己负责，因此对孩子的作业不管不问，即使有错误也没有督促孩子及时订正。因此，家庭对孩子教育投入的程度不一样，孩子完成作业的质量也是不一样的。

一般作业本上有错误的孩子，写作业时并不细致，因此对错题的订正也会比较拖拉。今天的错题未订正，明天的错题未订正，慢慢累积，会有越来越多的错题堆积起来，对知识的掌握不够扎实。没有老师或者家长的提醒，孩子很少主动订正错误，因此我们要找到这些孩子进行“对口支援”，帮助他们及时订正错误，巩固已学的知识。

一个班级大多有四十几个孩子，如果一份作业发现10个孩子有错误，每一次老师都去找学生订正错题的话，那么需要老师有相当多的时间和耐心。对学生进行一对一指导，对于每天工作量超负荷的老师来讲，难以做到，因此要培养学生自觉订正错题的习惯，让老师找学生订正错题变成学生主动找老师问题目。

这样不仅能培养学生主动学习的好习惯，还能减轻老师的工作量。

## 锦囊妙计

前些日子，我外出参观交流。参观某所学校时，一个不起眼的架子引起了我的注意，上面堆着各色作业本：语文作业本、数学作业本、英语练习纸、美术画画纸……但无一例外，这些作业本上面都放着一张纸条，“作业已批改，请放回课室”。转眼，从另外一份作业本上面，我又发现了一张学生的学号单，上面醒目地写着“欠交功课，日期”，下一栏是“科目”，再下一栏是“学号”，并标注：“欠做○，欠带\，错格式 ×，请假？此卡需要重复使用，请老师批改后夹回簿中，谢谢。”我咨询旁边的教务主任：“林老师，您好！这些纸条是怎么使用的呢？”“我们的架子会根据班级分配好位置，比如p1代表一年级的，以此类推。老师们把作业批改好就会放回相应的架子，上面放着一张‘作业已批改，请放回课室’的纸条，说明这份作业是全对的。”林主任顺手拿起边上的另外一张纸条：“这个是班级的提醒纸条，上面有学生的名字，老师在名字上圈一圈，说明这位学生的作业需要订正。而这一份‘欠交功课’就是帮助科代表收作业用的。科代表下课后就会到架子上根据纸条的提醒取回自己班级的作业并发给同学。”听着林主任的介绍，此刻，我真觉得他们把教育做到了每位孩子的身上，“点对点”做教育，不落下一位孩子的功课。这样的“提醒条”

（见表 1–2）一直在我的脑海里挥之不去。

**表 1–2　提醒条**

| 欠交功课　日期： | | | | | | | | | |
|---|---|---|---|---|---|---|---|---|---|
| 中（　）英（√）数（　）体（　）其他（　） | | | | | | | | | |
| 1 | 2 | 3 | 4 | 5 | 6 | 7 | 8 | 9 | 10 |
| 11 | 12 | 13 | 14 | 15 | 16 | 17 | 18 | 19 | 20 |
| 21 | 22 ○ | 23 | 24 | 25 | 26 | 27 | 28 | 29 | 30 |
| 欠做○　欠带\　错格式 ×　请假? | | | | | | | | | |
| 此卡需重复使用，请老师批改簿后夹回簿中，谢谢。 | | | | | | | | | |

1. 设计精准“作业反馈表”

回校后，我马上在自己班级里做起了“提醒条”工作。我想我的提醒条要让三个人知道：老师、科代表、学生本人。于是，我把提醒条做成复印式的“三联作业反馈表”（见表 1–3）。一联留给老师，复批作业时一目了然，知道哪些孩子还需要再批改；二联留给班级，张贴在班级公告栏；三联留给科代表，如果有些偷懒的孩子不及时订正作业，那就请科代表去催作业吧！

**表 1–3　三联作业反馈表**

| 作业反馈表（一联）　日期： | | | | | | | | | | 作业反馈表（二联）　日期： | | | | | | | | | | 作业反馈表（三联）　日期： | | | | | | | | | |
|---|---|---|---|---|---|---|---|---|---|---|---|---|---|---|---|---|---|---|---|---|---|---|---|---|---|---|---|---|---|
| 科目：语文（　）数学（　）<br>英语（　）科学（　）<br>其他（　） | | | | | | | | | | 科目：语文（　）数学（　）<br>英语（　）科学（　）<br>其他（　） | | | | | | | | | | 科目：语文（　）数学（　）<br>英语（　）科学（　）<br>其他（　） | | | | | | | | | |
| 未交作业（　）需订正错题（　） | | | | | | | | | | 未交作业（　）需订正错题（　） | | | | | | | | | | 未交作业（　）需订正错题（　） | | | | | | | | | |
| 未做 ×　未带○　请假 /　订正△ | | | | | | | | | | 未做 ×　未带○　请假 /　订正△ | | | | | | | | | | 未做 ×　未带○　请假 /　订正△ | | | | | | | | | |
| 1 | 2 | 3 | 4 | 5 | 6 | 7 | 8 | 9 | 10 | 1 | 2 | 3 | 4 | 5 | 6 | 7 | 8 | 9 | 10 | 1 | 2 | 3 | 4 | 5 | 6 | 7 | 8 | 9 | 10 |
| 11 | 12 | 13 | 14 | 15 | 16 | 17 | 18 | 19 | 20 | 11 | 12 | 13 | 14 | 15 | 16 | 17 | 18 | 19 | 20 | 11 | 12 | 13 | 14 | 15 | 16 | 17 | 18 | 19 | 20 |
| 21 | 22 | 23 | 24 | 25 | 26 | 27 | 28 | 29 | 30 | 21 | 22 | 23 | 24 | 25 | 26 | 27 | 28 | 29 | 30 | 21 | 22 | 23 | 24 | 25 | 26 | 27 | 28 | 29 | 30 |
| 31 | 32 | 33 | 34 | 35 | 36 | 37 | 38 | 39 | 40 | 31 | 32 | 33 | 34 | 35 | 36 | 37 | 38 | 39 | 40 | 31 | 32 | 33 | 34 | 35 | 36 | 37 | 38 | 39 | 40 |

2. 制定激励评价机制

“孩子们，这是作业反馈表，每上交一份作业，都要做好登记。一共有三联，一联给老师，一联张贴在班级公告栏告知留底，一联给科代表帮老师催交作业。所以呀，以后有了这份作业反馈表，谁没有上交作业会一目了然哦！当然上交的作业不免也有错误，老师批改后，下发作业及时订正，能做到‘当日事当日毕’的同学照样可以得到作业满分奖。孩子们，当作业下发时，一定要及时订正，然后给老师批改。”

孩子们似乎都听懂了，认真地点点头。

“孩子们，现在下发语文课堂作业本，有错误的同学及时订正。”科代表帮忙下发作业本。

“老师，我已经订正好了！”小李拿着作业本来到了我身边。“好的，让老师看看。”我拿着红笔将错题一一再批改，“都对了，满分！”

“老师，我也订正好了！”小朱一手拿着笔，一手拿着本子说着。“好的，放在讲台桌上。”我再次批改了小朱的错题，“真不错，一次性就把错题订正对了，满分！”

自实施“三联作业反馈表”以来，教室里科任老师提高嗓门的情况少了，科代表催作业的声音少了，同学们的成绩在慢慢地提高，学习主动权在慢慢转让中……

# 第 8 招 “你来命题”

## 故事在线

“孩子们，数学马上要进行第六单元考试了！这次考试，我们做些有意思的事情！”我神秘地说着。“老师，快说，是什么有意思的事情？”感兴趣的孩子兴奋地接上话。而不感兴趣的孩子不屑地说：“考试，能有什么意思啊！不就是考试吗？”还有些孩子没啥反应，只是静静地听着。

“孩子们，这次第六单元考试不用考！”听说不用考试，孩子们都欢呼了，可见平时的单元考试还是给孩子造成了一定的压力。我接着说道：“不用考试的前提是你要变成‘老师’，一名会编试卷的老师，大家要不要试试啊？”孩子们第一次编试卷，表现得兴趣浓厚，都侧耳倾听，催促道：“老师，快说！快说！”“想第六单元考试不用考，那么你要成为出卷人。四人小组合作出一份第六单元的试卷，如果你们小组出的试卷难度合适，被老师选中了，你们小组就不用参加第六单元考试啦！”我补充说道。“老师，小组合作出卷，如果我们组出的试卷被选中当考卷，我们组四个人都不用考试，对吗？”小红追问道。“小红，你的理解没有错，就是这个意思。”小林举手了：“老师，那我们选中试卷的小组，不是没有第六单元的成绩啦？”“被选中试卷的小组，每人都是 100 分！”话音刚落，教室里响起一片“哇”的呼喊声。

“孩子们，出试卷并没有那么简单！先要了解一张试卷由哪几部分组成及本单元的学习要点，然后再开始出题。”说着，我给每个小组下发了前四个单元的样卷。“孩子们，仔细研究四张试卷的共同点或者说是出卷的要点。小组开始讨论，并用思维导图记录在纸上。”随后，孩子们热烈地讨论着。

“我觉得我们先看试卷的几个大题，再看试卷的小题，这样我们出题目就有方向了。”小红在小组里率先提出了自己的想法。“我赞同小红的说法，我们先看大题，再看小题。”第一小组迅速讨论起试卷的组成部分。

轮转到第四小组，这一组争论更加厉害。小李说：“你看，第一大题是填空和选择，第二大题是计算题，第三大题都是应用题。”第四小组的小黄接着说：“第一单元、第三单元、第四单元有附加题，第二单元没有附加题。那我们第六单元需要附加题吗？”“我觉得可以加也可以不用加，看我们需要吧！我们再来数一数一张试卷大概需要多少道题目。”小李把讨论点转到更加细致的方面。

经过半个小时的讨论与研究，各个小组都呈现了自己小组研究试卷后的发现。小红代表第一小组率先发言：“请同学们看我们小组画的思维导图。我们小组经过研究发现，一张数学试卷有三到四部分，由知识技能、综合运用和思维提升三部分组成。有时候会把知识技能分成两部分，分别是知识技能和计算题。知识技能部分分成填空题、判断题、选择题和计算题，综合运用大部分是应用题，如果这个单元涉及画图的话，也会有画图题。最后的思维提升，有的试卷有，有的试卷没有。”“第一小组的研究从整体考虑了试卷的题型，还有补充的吗？”我引导道。第四小组积极举起手：“我们小组的补充是，知识技能部分的填空题大概是 10 道题目，判断题 5 道左右，选择题 5 道左右；计算题分成直接写出得数共 12 道左右，列竖式计算 4 道左右，递等式计算 4 道左右，第二部分的综合运用 7~8 道题。这样就构成了整张试卷的题目。”“第四小组研究得太细致了！考试有一定的时间限制，所以题量不能太少也不能太多，要符合大部分同学在规定时间内能写完试卷的要求。”我对第四小组的发现大大表扬，接着继续说道：“我们结合两个小组的发言，总结一张数学试卷的构成，第二大题和第三大题分别是知识技能和综合运用，附加题自己小组定。一张试卷的总题量50道左右。我们按照这样的方向，小组分工合作编写题目。接下去小组商量分工吧！”

四人小组又开始商讨分工……

## 故事分析

“考考考，老师的法宝；分分分，学生的命根。”在教育内卷厉害的时期，家长更加注重结果性评价，而忽略过程性评价，但是往往过程性评价比结果性评价更为重要。

第一，提高学生的学习兴趣。用老师出的题目来考试，这是一成不变的考试方式，而用同学们出的试卷来考试是第一次。因为是第一次，大大提高了孩子们出卷的兴趣，外加选中的试卷组内同学直接得满分的诱惑，同学们的兴趣更大，为了同一个愿景，组内协作更加和谐。

第二，复习的另一种方式。让学生自己命题，实际上是审视他们整个单元学习的效果，自己主动复习比老师课堂灌输复习的效果更好。为了能出一份高质量的试卷，组内同学必须要去研究试卷上试题的分类，只有知己知彼才能百战百胜。了解试题类型进行针对性命题，不仅对这个单元的考试有益，对往后的单元考试也有裨益。除了掌握试题类型，更要熟知单元的重难点，在重难点处命题，才能体现试卷的高质量，这就要求孩子们必须对本单元的内容“了然于心”。

第三，分工合作便是分层作业。不妨把“命题”看作一次分层次作业，一方面，让那些学有余力但有些浮躁的学生能够静下心来思考问题；另一方面，也可以让基础薄弱的同学出稍微简单的题目，将基础学得更加扎实。同时，在讨论交流的过程中，基础薄弱的同学汲取组内同学的一些学习方法或者复习方法，慢慢地，成绩也能稳步提高。

## 锦囊妙计

1. 两次导图

命题，很难！一个孩子要会命题，前提肯定是会做题，只有将这个单元的知识融会贯通了，才会有针对性地命题。

第一次的思维导图是为孩子们了解试卷的结构而服务的，通过比较发现，一张数学试卷有两到三部分，即知识技能、综合运用和思维提升；通过小组讨论更是了解到一张数学试卷大概有 50 道题目，从结构和数量上对试卷有整体的了解。

第二次的思维导图帮助孩子们复习整个单元的知识点，这也是命题的引导。“孩子们，让我们一起翻到数学书第六单元的内容——‘分数的加法和减法’，一共分成三部分，即同分母分数加减法、异分母分数加减法、分数加减混合运算。如果我们把它画成思维导图呢？可以这样画：中间写单元的主题‘分数的加法和减法’，左边写‘同分母分数加减法和异分母分数加减法’，右边就写‘分数加减混合运算’。接下去的分项导图就由小组合作完成，开始吧！”为了出一份像样的试卷，也为了不用考试就能得到 100 分，小组四人通力合作完成单元知识的梳理。

“哪一小组来分享？”孩子们一下子把手举得高高的。“好，请第三小组代表小陈来分享你们小组的思维导图。”

“第一部分是‘同分母分数加减法’，先介绍了它的含义，接着是计算方法，第二部分是计算的巩固练习‘连加连减’，最后是解决问题，分成四个小部分。含义部分又从分数的加法和减法分别去理解……”小陈同学侃侃而谈，对这一单元的知识点分析得相当详细。

“孩子们，我们通过思维导图梳理了单元重难点，接下去要开始分工出试卷。书本是我们离不开的重要出卷工具，我们可以根据书本提供的内容改编成试题，这样出卷就不会偏离单元学习的重难点。如果小组内个别同学觉得出卷有一定的难度，可以选择编写计算题。”

2. 四人出卷

“那我们小组怎么分工呢？”

“我来编写填空题吧！”

“我来编写选择题和判断题！”

“那我来编写应用题，剩下的计算题就由小李来编写吧，小李可以吗？”

“好的！”

第一小组最快完成了分工任务，四人一组，每人都有自己的任务。

“老师出卷的时候，命题结束后必须自己先写一遍，保证出的题目没有错误，那么你们出完题后，也必须自己写一遍，这样才能保证试卷不会出错。”我正儿八经地说道。

“孩子们，这个周末就不留数学作业了，把时间留出来让你们好好地出卷，各位‘小老师’加油哦！”老师的“甜头”像蜜一样一次又一次地送到嘴边，孩子们兴奋不已。

3. 一人说题

“在上交试卷之前，请小组四人先在组内说说自己为什么要这样出题，出题的目的是什么。”不仅要会出题还要能说出题的目的，听着我的引导，各小组进行了最后一搏，各小组捂着、掩着，轻声说着题目，都不让旁边小组听见自己组出的题目。

“我一共出了 12 道直接写出答案的算式，我是看数学书第六单元第三部分有这样的练习，就这样出了；然后又出了 2 道异分母的加法和 2 道异分母减法，外加 4 道混合运算，有加法和减法。你们觉得我这样出可以吗？”我在旁边听后给小李竖起了大拇指，平时小李数学成绩不太理想，这次出题能这样用心，而且出的题目难度逐渐增加。看我竖起大拇指，第一小组的孩子们都在轻轻地偷笑着。“我的填空题是这样设计的……”“我的应用题一共有……”第一小组继续轻声地说着题目。

“孩子们，时间到，请将小组试题整理好上交到老师这边。”各小组小心翼翼地将试卷交到我手里。

“孩子们，经过整个级段的数学老师仔细检查，老师们都为同学们竖起大拇指，说你们出的卷子比老师出的还要精准，用‘精准’表扬你们的出卷水平哦！经过老师的筛选，最后入选的是第一小组的试卷，第一小组不用考试直接获得 100 分。”“耶耶耶！”第一小组兴奋地互相击掌，小红在胸前做了一个胜利的手势，看得出真的很兴奋。我接着说道：“其他小组不要气馁，同学们这么厉害，我们还有第七单元、第八单元，六年级还有好多单元呢，只要同学们愿意，老师暂时‘下岗’，让你们来出卷！”

# 第9招　悄悄发生的“阅读革命”

## 故事在线

开学初的第一次班会课，我便郑重其事地告诉同学们阅读的重要性，我们要为班级捐赠自己看过的书籍。捐赠的孩子会得到我们群星班三级评价：流星章—行星章—恒星章。为了能得到奖章，第二天，孩子们手捧着自己心爱的书籍纷纷来到我面前索要流星章。话已出口当然要兑现，孩子们拿了几本书就给相应数量的流星章。

书籍换章结束后，我翻阅着孩子们捐赠的书籍，真是有苦说不出，大部分都是孩子们在幼儿园看过的书籍，认识图形、认识颜色、手工制作、小本儿歌、简装绘本等，而且都非常破旧，看得出真的是孩子们不要的书才捐赠给班级的。你不愿意看的书，放在教室自然也没有人愿意阅读。孩子学完拼音后，要阅读绘本、带拼音的书籍，可这些老师心中理想的书籍，在这些捐赠的书本中却没看到。看着这些书，我非常苦恼：放在班级有碍班容，不放在班级的话，孩子们会疑惑自己捐的书去了哪里。

马上就到元旦了，孩子们又长大了一岁，在元旦前夕，我们要过个集体生日会。生日，通常都是接受别人赠送的礼物，怎样让集体生日会变成分享快乐、分享知识的聚会，并且过得有意义呢？反思开学初的捐书事件，在这个过程中，我没有说清楚捐赠书的要求，如几成新、带拼音的童书等要求，而且少了点仪式感，让孩子误认为捐书就是为了获得奖章。

说干就干。在家长的微信群中告知家长如下信息："各位家长：你们好！孩子们已经步入小学生活将近一个学期了，感谢这个学期大家对班级及对我本人工作的支持。马上就要元旦了，孩子们又长大一岁，变得更加懂事了，孩子们对知识也变得渴望，平时孩子们生日都是接收礼物，我建议在元旦我们过一个集体生日。当天，以赠书的名义，让生日变得有意义。赠书要求：1. 建议赠送一套（8~10 本）带拼音书籍。2. 新买的书籍或者家里七成新的书籍均可。3. 为了让孩子的生日更加有意义，请在书的扉页写上'生日赠书，一（1）班某某某，2019 年 1 月 1 日'，并用红丝带将书捆成一捆。本学期集体生日会给 7 月 1 日 ~12 月 30 日出生的孩子过，下一次集体生日会给 1 月 1 日 ~6 月 31 日出生的孩子过。"

通知一出，家长们纷纷在群里点赞："集体生日太有意义了，老师真是脑洞大开啊；集体生日会，我第一次听说，太好了，太有意义了……"活动得到了全体家长的一致好评。

老师们常常为班级"丢书"的事情烦恼，而我从来不担忧。孩子们陆陆续续将书籍送到教室，我检查书籍扉页的名字，并在书脊上贴上赠送书籍孩子的名字和编号，这名字与编号，让书籍有了自己的主人，让主人有了自己要保护的对象，更便于同伴们借阅书籍。著名特级教师蒋军晶老师说："书柜敞开、借阅方便，借阅越方便，孩子想阅读的兴致越浓。"我的书架一定让孩子看得见、摸得着。等收集好所有孩子的生日赠书后，我买来立式书夹，将所有赠书立在窗台上，一个孩子一个书夹，一个书夹一个编号。孩子们一眼就能找到自己喜欢的书籍进行阅读。每个孩子拥有自己的专属书夹，这个书夹就让赠书的孩子自己管理，同学借书、还书，甚至整理书籍都由赠书的孩子自己负责。自己的书籍自己心疼，半个学期过去了，实际情况确实如此，书籍被保管得特别好！

孩子生日赠书，那么班级有什么东西可以回赠呢？而且这回赠的礼物要能让孩子回忆满满。我在网上找了许久，发现水晶照片最让人满意。选了一个艳阳天，请了学校专业摄影老师为生日的孩子们拍照片，孩子们的笑容在阳光的映衬下更加灿烂。照片收集完毕交给了网店店主，并在水晶照片上写上："我一年级了！生日快乐！某某某，2019年1月1日。"我很快收到了水晶照片，满满的惊喜，效果非常好，东西不贵，却很有纪念价值。

到二年级时用二年级的照片，到三年级时用三年级的照片，到了小学毕业，将自己的六张水晶照片摆在书桌上，孩子们从照片中看到了自己的成长，看到了自己小学六年的变化，班级给孩子们留下的回忆是无限美好的。也许什么都记不起来了，但看到水晶照片，至少记得这是集体生日会的时候，我赠过书籍，班级回赠给我的照片。"创每个孩子回味一生的教育"，回味便在此点燃。

12月30日，家委会准备了一个大大的蛋糕，过生日的孩子们手捧书籍，桌子上摆满了红红的小盒子水晶摆台。过生日的孩子一共有二十几个，共分三批上台赠书，邀请还没轮到过生日的孩子接受赠书。赠书环节结束后，老师给每一个赠书的小朋友回赠他们的水晶照片，孩子们惊讶于自己的照片还可以放在水晶上，同时我又讲述了水晶照片的意义，孩子们露出一丝懵懂的笑容，等长大后的某一天，他们一定懂得这些照片带来的美好回忆。

生日会上，大家一起唱生日歌，一起吃蛋糕，这个生日过得很快乐又很有意义！

## 故事分析

常常有家长对我说："我的孩子不爱看书怎么办？""孩子总要我催着

才会去看书。”……在我看来，要让学生从心底里真正喜欢上阅读，是一个漫长的过程。

曾经听过一些阅读推广人的结论：如果你的家里有书架，而书架上的书达到了200本，那你的孩子爱上书的可能性可以达到60%。我很喜欢60%这个“可能性”——既给你希望，又让你觉得很真实。有的家长会认为，买200本书那不是很容易的事吗？确实，几千元对于家长来说，并不算多。其实，他们误解了“书架上的书达到200本”的意思。这是一种“象征”的表达，实际描述了一种生活方式：爸爸妈妈有空的时候和孩子一起去书店，看看、翻翻、找找，然后买两三本自己喜欢的书回家，如此逐步积累，不断充实书架。而教室如同一个“家”，与同伴们共同遨游书的海洋，在班级的自由书架上，你拿本书看看，我也去拿本看看，大家一起在教室里看书，那是多么美好的一个场景啊！

在班级建一个自由书架，充实班级共享书籍，营造班级的阅读氛围。

## 锦囊妙计

1.博士凳助力阅读

看着这一排崭新的书籍，孩子们心痒痒的，再配上班级的“博士凳”，班级的阅读氛围越来越浓。孩子们在课间、午间，只要拿着书看，就可以有博士凳的享受。孩子们坐在博士凳上，津津有味地看着书，读着读着也变成了一位知识渊博的“小博士”，真是班级一道亮丽的风景线。课间孩子们奔跑少了，吵闹少了，更多的是留在教室里安静地看书。图书借阅井然有序，赠书的同学负责自己的书夹，孩子们会将自己的书籍看得牢牢的，不会让别人乱拿。

2.群体阅读动力学

小学阶段的孩子在行为上往往会有一种“跟风”的意识，体现在阅读上也是如此。我们会发现，班级的某个交际圈里在某段时间都在看同一本书，如果在此时进行一些适当的引导，会比学生的个体阅读效果更好。因为学生在共同的阅读过程中会产生一些讨论、交流，而不读这本书的孩子就会有危机感——和同学找不到共同的话题。因此，在孩子阅读的过程中，我特意选择“生日赠书”进行课前导读，再请捐书的孩子介绍这本书，自然，这本“生日赠书”就成了班级最热门的“书籍”。群体阅读更能营造班级阅读氛围。

3. 示范阅读造氛围

记得曾经有人说过，教师是学生最好的榜样。如果一位教师喜欢阅读，那么他所带的班级学生一定会被他感染和熏陶，一定也会对书籍产生浓浓的兴趣。假如教师在学生看书的时候，也拿着一本书静静地看着，边看边画，那么榜样的力量是无穷的。同伴影响，不仅是同学的影响，更是老师的影响。课间、静校，我也会拿起书和孩子共同阅读，特别是那些“生日赠书”，孩子都有“向师性”，此书被老师阅读过，都将成为“班红”书籍。有时我还会“投其所好，刻意引导”，尽量选择不同类别的书籍，引导学生尝试阅读不同类别的书籍，拓宽其视野，令他们觉得书本内容多姿多彩，从而寻找到自己的兴趣所在，养成阅读的习惯。

一个学生生日赠书 10 本，一学年两次集体生日会，四十位学生生日赠书 400 本。400 本书籍，400 个阅读梦想，400 个阅读故事。二年级 800 本，三年级 1200 本……教室里因为“生日赠书”悄悄发生着“阅读革命”。

“老师，你知道吗？我手上拿着的这本书是我自己的，它叫《小狗钱钱》，这本书是教我们如何理财的！”小红得意地说着。旁边的小明听见了，马上凑过去：“小红，真的吗？借我看看呗，增强我理财的本领！”我津津有味地听着他俩关于这本书的交流。

“小林，你在看什么书啊？怎么哭得稀里哗啦的！”我好奇地问着小林。小林抹着眼泪说：“老师，我在看《狼王梦》这本书呢！里面的内容太让我感动了，狼王一共有五个孩子，分别叫……”小林一五一十地说着故事的情节，我耐心地聆听着，也惊讶于建议五年级学生阅读的书，他们在二年级就开始看了！

# 第10招　班级小报：助力写作

## 故事在线

“孩子们，在家委会的大力支持下，我们班级要出班报了！班报为全班同学展示作文提供了平台，你们要加油哦！孩子们，我们讨论下，为班报取个名字，我们班级的特色是‘竹芽’，我想围绕‘竹芽’，取一个响亮的名字。”班会课上我把好消息告诉全班孩子们，也把机会留给孩子们，让孩子们为班报出力。孩子们听到要出班报，还是非常高兴的，小组马上活跃起来，为班报取名。

我走到第一小组，组员们激烈地讨论着：“我觉得既然我们是‘竹芽班’，要不取名为‘竹芽小报’，一听就知道是我们班级的小报；我觉得不妥，‘小报’显得小气，我们取名要大气；‘小报’挺好的啊，毕竟我们是刚刚起步，就要低调！”

来到第四小组，这组孩子是班级的活跃分子，讨论也异常激烈：“‘竹子’是我们班级的象征，你看，老师的大屏幕上有‘竹子空心、竹叶低垂象征着人虚怀若谷；竹身修立挺拔、直冲云霄象征着人刚正不阿、壮志凌云；竹子节节拔高象征着人恪守气节；竹根坚固、竹身质坚象征着人坚贞不屈；竹子历四时而常茂，经严寒而不凋象征着人之顽强和理想之坚定。’我们可以把我们的班报叫‘绿竹小报’或者‘竹芽君子报’；我觉得小报的名字很有意义，但有些长，能不能改成‘竹君小报’，小报的内容出自竹芽君子之手，是不是挺有意义的？”组员们激烈的讨论仍在继续。

“孩子们，老师刚刚转了一圈，各小组讨论得非常激烈，都在为班报出谋划策。这样，我们每个小组选定一个名字，最终投票决定班报的名字，好吗？”经过孩子们激烈的投票，最终“竹君小报”成功入选为班报的名字。“孩子们，班报名字已经敲定，我们要为第一期班报来个开门红，请孩子们翻阅这个学期写的作文，选取一篇觉得自己写得最好的作文，打印发给老师，老师整理好，交给家委进行编辑。孩子们好好修改投稿的作文哦！”

收集好孩子们的作文，家委就开始排版、校对、刊印，一份不算精致的彩印小报出炉了。收到小报的孩子们，迫不及待地读起了小报上的内容。

“这是我的作文啊！天啊，这是我第一次登报啊，太激动了！”小红指着报纸上自己的作文，激动地和同桌说着。

小玲更加激动：“老师，你看你看！”跑到黑板前拉着我说，“老师，你看呀，这是谁啊？这么可爱！”她大声笑起来。“你仔细看看，他像谁？”我故作疑惑地引导着。“哇，这是小明吗？是小明吗？”小玲更加激动地跑到小明跟前，指着报纸上的插图让小明辨认。小明害羞地笑着说：“是我，是我在艺术节时上台表演的照片。”

“我发现小华的作文写得真好啊！你仔细读读他写的作文，写得真的很好！”小胡拉着同桌读起了小华的作文。

## 故事分析

1. 创设学习平台

学校里有独唱、独舞、独奏平台，更有足球、篮球、乒乓球平台，还有主题晨会、星秀场等展现特长的平台，那么写作平台如何展示呢？有些学校重视写作，在3~6年级开设作文比赛，评出一、二、三等奖再颁发奖状便罢了。我想用比赛的方式促进写作是一种办法，但这仅局限于小部分学生之间的切磋或者说是优秀学生与老师的交流，是一种单向交流，老师的评比意见并没有反馈到学生手里，我为什么能得一等奖，那我又为什么只能得三等奖，原因不明，只有结果明确。其实这样的比赛虽有促进作用，但是受益面狭窄。我们需要的是“平民化”的交流平台，谁都可以发表自己的作品，随时随地能与同伴交流自己或者他人作品的平台。

2. 积累写作素材

孩子们总是苦于自己“写不出来”，觉得没什么好写的，三两句就结束了自己的作文。第一是孩子们没有掌握写作的技巧，第二是孩子们没有写作的素材。先不谈技巧，就谈素材，确实也是，一周五天在校学习，外加周末N个培训班，孩子们哪有什么“有趣的事”“印象深刻的事”，因为他们每天经历的事情都是一样的：学习学习再学习。那就要挖掘身边平凡的事变成“有趣”“深刻”的事，而这些“事”自己如果没有经历过可以看看同学是如何经历的，在阅读同学的作文时，不知不觉慢慢积累写作的素材。再写“有趣的事”“印象深刻的事”还怕没有素材吗？“竹君小报”为孩子们提供了积累素材的平台。

3. 激发写作兴趣

你的作文上榜了，我的作文上榜了，他的作文上榜了……一次又一次将作文刊登在小报上，其实是给孩子们莫大的鼓励。因此我坚持“鼓励必须要公之于众”，让每个人都知道你的优秀，才能激发持续写作的热情。“竹君小报”为每个孩子提供展示作品的平台，互相学习也是在互相鼓励，都说“兴趣是最好的老师”，希望“公众展示”为持续写作提供动力与能源。

## 锦囊妙计

1. 插图完美运用

插图是报纸必不可少的内容，它能使报纸的版面富于变化，增强吸引力，提高读者的阅读兴趣。我们运用的插图往往是为了辅助阅读及拓展意境，当然也有助于培养儿童的美感和审美能力，使儿童形成图像思维方式，丰富儿童的想象力。“竹君小报”的插图全部来自孩子们日常的演出、活动等校园生活的照片。孩子们在阅读小报的同时可以欣赏老师平时拍摄的照片。由于现在智能手机的普遍使用，拍照片成了每一部智能手机的必备功能，因此你会发现，老师手机里有众多学生的照片，但是又苦于无法展示这些照片，如果把它们洗出来展示在墙壁上，确实挺浪费钱的，刚好可巧用班级小报这个平台，选取与作文内容基本相符合的照片作为小报的插图。

2. 人人榜上有名

班级小报为全班孩子提供了展示的平台。“小胡，这个段落里，我们把这句话加进去，开头我们可以设置悬念，这样会引起读者的阅读兴趣。”我指着小胡的作文一点一点地指导着，为的就是小胡能把作文刊登在班级小报上。为了能刊登，小胡也是尽全力修改自己的作文。班级的“小胡”一个又一个，经过一次又一次的修改，“小胡”的作文也能刊登在班级小报上。

3. 阅读点赞在看

“点赞”是为你的作文感到骄傲？不，在我们班级的阅读小报里，我们的点赞就是说明你“在看”。孩子们都有一双慧眼，“点赞”优秀学生的作文而冷落了一般学生的作文，实则是一种变相的打击。“孩子们，这一期班级小报上一共刊登了 44 篇作文，老师送给每个同学 44 个点赞贴。你看过一篇作文就在作品下方贴一个点赞贴，点赞贴送出去越多说明你给同学们的鼓励越多，也说明你积累的作文素材越多。孩子们开始行动吧！”这种“点赞”引导孩子们给予同学更多鼓励，也是为自己积累更多的写作素材。

创办“竹君小报”过程虽然有些辛苦，但是能为全体孩子提供一个写作平台，以此激励孩子们持续写作，都是值得的。随着孩子们慢慢长大，“竹君小报”吸收班级的各类骨干孩子：画画好的插画师、电脑软件使用厉害的排版师、细心的文字校对师……发挥孩子们的特长，为家委减轻负担，也为“竹君小报”注入新的生命力。

# Part 2

# 学生成长有妙招

校园生活圈是个同心圆，在同心圆里教师与孩子同频、共振。教师是孩子学习的“陪跑者”、健康的“劝导者”、成长的“建言者”。同心圆里的场域创设也尤为重要：“诚信水立方”、一元生存大挑战、为绿植找个“家”、陪练团……还孩子一片更广阔的天地，让孩子们在真实场域中创造无限可能。让我们用慢教育的无限创意，静候成长路上的漫漫花开。

# 第11招　番茄男孩

## ——想一个“不挑食”的点子

### 故事在线

“再吃五口，咱们就不吃好不好？”

“再吃六口，咱们就不吃好不好？”

…………

这样的话语常常在小李的耳边响起，小李肯定也嫌弃我是一位烦人的老师。这天中午，我决定把我吃饭的位置挪到小李身边，平时我都会在学生最后一排陪着全班学生吃饭，这样一眼扫过去就能看到全班孩子吃饭的情况。我和小李并肩坐着，并没有交谈什么话题。我只管自己吃饭，用余光撇了小李，小李摆弄着筷子，重复着用筷子把饭粒夹起来再放到碗里。而另外一只手托着下巴，一副无奈的样子。我把自己的饭菜全部吃完，故意说了句“光盘”，并且敲了下菜盘，随后起身走到餐厅门口放餐盘了！放完餐盘再回到班级就餐的位置，小李不见了！估计我转身起来的时候，小李随后就起来并从另外一个出口快速倒掉了饭菜，溜走了！

第二天中午，我再次坐到了小李身边，依旧没有和小李聊天，却热情地询问着坐在正对面的小红："小红，连老师觉得今天的韭菜盒子特别好吃，你吃了吗？"小红这个"小吃货"，话匣子一下子就打开了："老师，我觉得韭菜盒子特别特别好吃，我超级喜欢吃呢！这个韭菜盒子是世界上最好吃的……"看着眉飞色舞的小红，我真的很想笑出声，但是我没有笑，而是和小红一样眉飞色舞地迎合着她说的话："是啊，小红，老师也觉得这个韭菜盒子是世界上最好吃的韭菜盒子了。"此时，我用余光看了下小李的反应，小李用筷子动了下韭菜盒子，并且翻转着韭菜盒子，打量了很久，才夹起韭菜盒子往嘴巴里送。先是咬了一丁点儿，尝了味道，后来小口小口地吃了起来。我心里窃喜着：终于张开口吃一点了。我用眼睛盯着小李盘子里的韭菜盒子，10 个只吃了 1 个，坐我对面的小红，10 个韭菜盒子早就下肚了！看来，小李并不是什么都不吃。

又过了一天，旁敲侧击似乎对小李并不起效，于是在午餐时间，我又坐到了小李的旁边。"小李啊！老师观察你好几天了，你好像中午都是不吃饭的，你不饿吗？"小李不好意思地说："老师，我不饿！""这些菜你都不喜欢吃吗？"我轻轻问着，"那这样吧，都不吃也不行，这样会饿坏的。你今天吃 5 口饭，菜可以不吃。"迫于老师的压力，小李把 5 口饭慢慢吃完了，看小李的样子，确实非常痛苦。

## 故事分析

小李从开学的一口不吃到现在能吃上 5 口饭，已经非常了不起了！

家庭环境影响着孩子成长中的习惯养成，小李如此挑食，肯定与他的成长环境有着密不可分的关系。翻看小李的入学档案，果不其然，小李是家里的"团宠"。小李是家里最小的孩子，上面还有两个姐姐，大姐有二十来岁，二姐现在读六年级，小李读一年级，可知小李在家，有爷爷奶奶、爸爸妈妈、大姐二姐的疼爱，那是典型的“团宠”呀。在家的小李是“小皇帝”，想吃什么就可以吃什么，不想吃就不吃，估计就是这样养成了小李的挑食坏习惯。

学校的午餐，小李看到没有自己喜欢吃的菜，中午吃饭就成了小李“老大难”的问题了。

俗话说：“早餐要吃饱，午餐要吃好，晚餐要吃少（适量）。”查阅资料可得知，人一天三餐分配的食量：早餐提供的能量应占全天总能量的25%~30%，午餐应占30%~40%，晚餐应占30%~40%。早餐，小李是在家里吃的，不清楚他吃了多少，但是中餐，他摄入的总能量为零，饿着肚子上一下午的课。只有适量的饱腹感，注意力才能高度集中，而占据小李的是饥饿感，注意力怕是也没有那么集中了。但是我更担心的是小李的身体健康，小李还在长身体，需要大量的营养成分摄入才能助长，这样不规律的饮食，着实让人担心。

## 锦囊妙计

### 1. 家访找原因，破解挑食

我寻思着，一个长到八岁的孩子，怎么这么挑食呢？我决定去一趟小李家一探究竟。走进小李家，“团宠”的痕迹一览无余，家里有很多很多玩具，如汽车、飞机、乐高等；很多零食，如饼干、牛奶、巧克力等；再来到小李家的厨房，餐桌上有很多调味料，如番茄酱、蓝莓酱、奶酪等；冰箱里摆满了牛排、薯条、薯饼、鸡块等。我询问小李妈妈：“小李妈妈，小李平时在家都吃什么当主食啊？”“老师，小李从小就非常挑食，别看他个头长得还可以，可是好多食物都不吃。平时，我煎牛排给他吃，有时候炸几个鸡块给他吃，几乎每天都是这样！老师，小李在学校是不是也不吃饭啊？”小李家长了解我来的目的，我说：“是啊，中午在学校都不吃饭，我很担心他会饿坏，也担心他当天下午因为饥饿上课注意力会不集中。”小李妈妈也是百般苦恼：“老师，我们也很苦恼，曾经让他一天不吃饭，想着他饿了应该就吃了吧。结果一天下来，他真的什么都没有吃。我们看不下去，又给他做其他东西吃了！老师，我拜托你，能帮我们改一改小李挑食的问题吗？”看来，家里长辈为了能让小李吃上几口饭，也是想尽了办法。

2. 番茄酱换饭，增加食量

这天下午，我把小李叫到了办公室，请小李吃小番茄。小李一个又一个吃着小番茄，大概吃了 20 个的样子，那津津有味的样子，估计是饿坏了。“哇，小李，你很喜欢吃小番茄吗？”小李边吃边回答道：“还挺喜欢吃的！”接着他就傻傻地笑着。“可是有一个小朋友可不像你，他觉得番茄很难吃，老师给你讲讲这个小朋友的故事吧！”我打开事先准备好的绘本《我绝对绝对不吃番茄》，给小李讲起了里面的故事。“你觉得番茄好吃，可是书里的罗拉却觉得很难吃。”我故意说道。“罗拉想了很多办法克服挑食呢，最后她还是吃了番茄啊！”小李据理力争道。“是啊，小李，凡事都要尝试，要不然天下美食你不就尝不到了吗？”小李瞬间低下了头，他知道我在说他。原本是想让小李通过绘本故事，学着尝试吃一些饭菜，没想到让我找到了他的喜好。

又到了午饭时间，我照常坐到了小李的旁边，从口袋里拿出了一包“小番茄酱”。“你不是喜欢吃番茄吗？你看这是什么？”“啊，番茄酱啊！老师能送给我吗？”“当然是送给你的啦，但是老师有个要求，今天饭要吃 5 口，可以把番茄酱涂在菜上，菜也要吃上 5 口，能做到我就送给你！”“好！”虽然小李吃得慢，但是饭菜都吃上了 5 口。

一包番茄酱，吃 7 口饭和 7 口菜。

一包番茄酱，吃 8 口饭和 8 口菜。

一包番茄酱，吃 9 口饭和 9 口菜。

…………

番茄酱换饭菜，持续了半个学期的时间。但用调味酱拌饭吃始终不是办法，而且又不健康。

3. 加菜小谎言，健康饮食

我再次和小李的家长沟通，表达了番茄酱拌饭并不是长久办法。为了孩子的健康，我让小李妈妈中午送点菜到学校给小李加菜，但是这个加菜不能告诉小李，如果小李知道是家长送的菜，以后照样不吃饭，要告知小李，这是学校厨师长特地为小李做的，为的就是给小李私人订制，让他多吃点饭菜。

“小李，厨师长的私人订制饭菜，好吃吗？”看我这么询问，小李的同桌投来了羡慕的目光。“特别好吃，西红柿炒鸡蛋，我很喜欢吃。”小李的回答爽快多了。“那你努力把西红柿炒鸡蛋吃光，好吗？”我试探着问他。“老师，肯定没有问题。”说着，小李开始吃起了饭菜。过了一会儿，西红柿炒鸡蛋真的吃光了。这是小李第一次吃完一个菜啊！

“知儿莫若母。”小李的妈妈接着变着花样制作各种和西红柿有关的菜品：西红柿鸡蛋汤、西红柿炒木耳、西红柿炒西蓝花……凡是跟西红柿搭边的，小李准能吃完。

我再次拨通了小李妈妈的电话：“小李妈妈，接下来要炒一些不是西红柿的菜，让他尝试着吃吃看！”小李妈妈非常聪明，第二天的加菜换成了肉丝、鸡蛋、西红柿一起炒，只是西红柿成了点缀。小李看到这个菜的时候，先是愣了一下，后来还是拿起筷子慢慢吃起来，最后也能吃完这盘菜。慢慢地，我让小李妈妈不要加菜，让小李慢慢适应食堂的饭菜。现在的小李，饭能吃一些，菜也能吃一些，有时候能把他喜欢吃的菜吃光。

小李是我从事教师职业以来，最“顽固不化”的挑食者。一年级刚开学，由于事务繁忙，顾不上他，估计那段时间他都没有好好吃饭。等我关注到他的时候，他也只是慢慢地尝试做一些改变，从刚开始的5口饭，到5口饭和5口菜，再到一包番茄酱的10口饭和10口菜，到现在偶尔能吃光一个菜，这是多么艰辛的过程啊！我们想要改变一个孩子已经养成6年的习惯，真是太难了！只好投其所好，一切都从“番茄”入手，让他先喜欢上他爱吃的番茄，尝到了一些美味的食物，等待时间慢慢地将他改变。

任何一个孩子的坏习惯，背后都有一个故事。解铃还须系铃人，小李的一些改变，也需要家长的全力支持，偌大的学校，不可能为一个孩子改变食谱，更不会为一个孩子特地炒菜。一个善意的谎言，让小李感受到旁人对他的关心，这样的改变动力比起家人的直接加入，更加有效。希望小李继续努力，以后能尝尽天下美食。

# 第12招　“铁腕”班长
## ——想一个“生命教育”的点子

### 故事在线

“老师，我根本没有乱扔垃圾，班长却说我扔垃圾了，就把我的分数扣了！”

“老师，我没有说话，班长就记我名字。”

“老师，我已经把桌椅摆好了，班长还说我没有摆好，把我的卫生分数扣了！”

一早走进教室，几个孩子委屈地跑到我跟前，“状告”班长，讲述自己所受的种种不公平待遇。

真的是班长小陈不分青红皂白就乱扣同学的分数吗？接下来几天里，我决定好好观察小陈的“治班工作”。每天一早，小陈就早早来到教室，把前后门打开、窗帘拉开、窗户打开，如果因为天气不好影响教室光线，他还会把日光灯打开。这样的班长俨然就是一位小老师，作为班主任的我是多么的欣慰！

等同学们陆续进入教室，小陈提醒同学们要拿出书本开始读书，之后便开始巡视，如果遇到同学不认真读书，小陈就会很严厉地敲敲同学的桌子，同学被“吓”得一愣一愣的，就乖乖地拿出书本开始读书。有时候，小陈管理班级比老师管理班级还要井然有序。

课间，小陈也没有闲着，一到下课就起身检查同学们的“课后三整理”（整理桌椅、整理书本、整理地面），如果谁没有做好就跑到走廊玩，小陈一定会把他找回来，让他先收拾好了再出去玩。到了放学值日，小陈也是最后一个回家，陪着值日生值日，等到值日结束后，检查完毕了，才允许值日小组的同学回家。有小陈在，我们班级一直都被评为“五星班级”，为我这个当班主任的省了不少事情！但即使是这样，同学们对小陈的评价仍褒贬不一。特别是班级几个调皮的孩子，对小陈非常不满意。

一天课间，小陈照常检查同学们的“课后三整理”，小陈发现小明的地上有纸屑没有清理。小陈脸色一沉，非常生气地跑到走廊上，大声对小明说：“小明，你过来，你的‘课后三整理’还没做好，怎么就可以出去玩了呢？”他顺势拉着小明的衣服想把小明牵回教室。小明也不甘示弱，死死顶着地面不移动脚步：“我是收拾好才出来玩的，你凭什么说我没收拾好？反正我没有乱扔纸屑，我不回！”小陈更加气急：“你到底回不回教室？你不回教室，我就扣你分数并且告诉老师！”“我就是不回教室，你能拿我怎么办？”小明试图甩开小陈的手，而小陈死死拽着就是不放，两个人扭打在一起。

正在办公室批改作业的我听到了走廊上的吵闹声，马上跑出去制止，并把他们叫到了办公室。他们各说各有理。回到教室，我们发现小明位置上的纸屑已经没有了。小明后桌站起来说：“老师，是我在位置上剪纸掉在地上的。但是在上课之前，我就清理了！”这下真相大白了！

## 故事分析

小陈是个品学兼优的孩子，家长眼中的“别人家的孩子”就是他。未当上班长的小陈专注于自己的学习，考试几乎门门“满分”，再加上各科老师的公开表扬，所以小陈在班级的声望很高。在一次竞选班长时，小陈以高票当选，同学们选他当班长也是情理之中。但是对于小陈的“铁腕”管理，同学们也是慢慢发现的，并展露了他们的不满。

回顾故事中小陈与同学们的对话，最大的问题还是出自小陈与人的沟通上。小陈的话，让同学们听着不舒服，这才导致他与同学们的矛盾。再看小陈的“铁腕”管理，不问清事情的来龙去脉，一并根据班规进行扣分，让同学们感到冤枉、委屈，所以那些行为习惯不理想的孩子对于小陈的“铁腕”管理，可谓是“怨声载道”。

一个人的说话习惯与行为习惯，是受一定环境影响的。小陈不会用温柔的方式与同学们沟通，可推测小陈生活的语言环境，可能是一板一眼的，没有多余的“心灵”沟通，更多的是“业务”沟通。同样，小陈的行为习惯的输出，肯定也是潜移默化的结果。

## 锦囊妙计

1.“解绑”家长，柔化成长环境

小陈对待一件事情，认真负责得“过了头”，我想这可能跟他的原生家庭有关。小陈的家庭绝对是所谓的“男权主义”，在家里都是爸爸说了算。而爸爸常常是一板一眼、不苟言笑，对小陈的教育也是如此，说一不二。而小陈也从来不敢反抗，爸爸怎么说小陈就怎么做，因此在爸爸严厉的管教下小陈的成绩一直名列前茅。小陈妈妈告诉我，小陈在家里的学习都是爸爸负责的。她负责后勤工作，有时候在家里，她都不敢大声说话，因为这样她也会遭到小陈爸爸的批评。这是小陈养成“铁腕”性格的重要原因之一。说一是一，自己认为错的就是错的，很少顾及别人的感受。

我决定请小陈的爸爸来学校和他深入地聊一聊。我调取了学校的监控视频，截取了关于小陈平时在学校与同学相处的内容给小陈爸爸看。看完视频后，小陈爸爸若有所思、沉默不语。我揣测小陈爸爸心里肯定在想自己的儿子跟同学们的相处怎么那么差。我接着说：“小陈爸爸，小陈是老师心目中非常优秀的学生，是同学们心目中的好班长，在班级的威望非常高！说实在的，由小陈当班长，我真的省了很多事，他会帮我把班级管理得井井有条，从不用我操心。但是最近我也收到了其他同学对他的投诉，刚刚看了视频，可能小陈与同学沟通的方式不太对，你觉得呢？”由于之前的家访，小陈爸爸可能也意识到了自己平时对小陈太过严厉。“老师，我知道了，我回家和小陈好好聊一聊，谢谢老师对小陈的厚爱，我们做父母的也要反思反思。”这一句“反思反思”，我想已经达到了我想要的目的。

2.“影子班长”，融化“铁腕”管理

接下去，我要做小陈一天的“影子”。所谓“影子”，就是小陈干什么我就跟在旁边，记录小陈一天工作的内容。这一天，小陈早早到校，跟往常一样打开教室门窗，带领同学们早读，课间也和往常一样检查同学们的“课后三整理”，但在值日的时候，和同学发生了争执。小陈看到水桶里的水倒了之后还留有污渍，就命令小林去重新洗一下水桶，但是小林听到命令的口吻就不干了，并且留下一句话：“我就是不干！”小陈接着说道：“你不干，罚你明天继续值日。”小陈和小林看看站在旁边的我，我回避着说：“我今天是小陈的影子，不是老师，我不知道怎么办。”说完，小陈拿起水桶就去厕所洗水桶了。值日生们也开始收拾书包准备回家。

等小陈洗完水桶回到教室，我留住了小陈。“小陈，做了你一天的影子，老师确实很感动，你有责任心，对得起老师对你的信任。老师也特别高兴，在最后检查值日时，小林不想洗水桶，你能马上提起水桶自己去清洗，是个有担当的孩子。那我们一起回忆这一天的工作，想想哪里做得好，哪里还需要改进？”小陈领悟能力超强：“老师，我觉得我和同学的沟通、相处还需要加强。”我继续引导着：“比如说？”小陈继续说道：“值日的时候小林不愿意去洗水桶，我没办法说服他，最后只能自己去清洗，我应该说服小林的。”“那我们把你对小林说的话再想一想，有没有哪里说得不够妥当的？”小陈回忆着：“我可能说话的语气不太好！”我继续说道：“每一个人都不喜欢听到命令的口吻，我们把说话的语气放缓和点、委婉点，别人就会听进去你说的话，如果把跟小林说的话改成‘小林，提脏水到厕所去倒了挺辛苦的，如果倒完水之后再把水桶洗一洗，那就更完美了，你觉得呢？’先肯定别人的优点，再提出建议，这样别人就更加容易接受我们说的话，你试试看管不管用，好吗？”“好的，老师。我试试看！”小陈很爽快地答应了！

3.“锦囊”相送，持续“温柔”管理

为了让小陈能时刻提醒自己“铁汉”也有“柔情”的时候，我特地制作了三个锦囊送给小陈：常带微笑有人爱，说话委婉有人听，身体力行有人信。在接下来的班长任职期间，小陈渐渐地改变了自己。同时，我也和小陈爸爸常常联系，能感觉到小陈爸爸的说话语气没有那么硬邦邦了，我想这一家子都在“为了更好的孩子”而努力着。

每一个孩子性格的形成并不是一蹴而就的，这跟长期的生活环境是分不开的，因此改变小陈先从改变家长开始。走访家庭，发现小陈的性格源于爸爸的“铁腕”养育，说一不二的家庭养育方式也让小陈用“铁腕”的方法管理班级。他觉得这一套是对的，但是同学们并不吃这一套。小陈的爸爸出于父亲的权威让小陈“听话”，而同学们来自不同家庭，每个家庭的养育方式都不一样，用同一种方式管理来自不同家庭的同学显然是不奏效的，同时也带来与同学相处不愉快的结果。

改变小陈从改变小陈爸爸入手，改变一个小孩都非常困难，更别说改变一个成人了，因此只有让家长感受到“痛点”才会有所反思。小陈爸爸的“痛点”就是小陈在学校与同学真实相处的情况，看了视频之后，触及小陈爸爸的“痛点”才会有所改变。从小陈慢慢改变的状态中，能感受到小陈爸爸也在慢慢改变自己的养育方式。

只有一起经历才会有掌握事实的话语权，因此我做了小陈一天的“影子”，在与小陈共同经历后，引导小陈反思自己的行为，再以“锦囊”相送的方式时刻提醒小陈与同学的相处方式。改变需要一个过程，也需要时间，相信小陈会慢慢变得越来越好！

# 第13招　小小书签，赠你千言
## ——想一个“和谐沟通”的点子

### 故事在线

“我的书签上面写着：美妙的声音属于你，希望你积极发言！”

“我的书签上面写着：小小少年，大大力气，运动会1号种子选手！”

“我的书签上面写着：宁静致远，收点脾气，来点静气！”

孩子们三五成群交流着老师给他们量身定做的书签，你读给我听，我读给你听。

经过两个月的暑假，孩子们肯定变化很大，开学见面的“第一礼”送什么才会让孩子们感到惊奇又特别呢？每个孩子都有自己的个性特点，都有自己的优缺点。我希望新学期孩子们能遇见一个更好的自己，更希望孩子们成为一个饱读诗书的人。因此，“书签”成了首选，普通的书签代表不了老师天天陪伴你读书，只有亲手制作的书签才能引起孩子们足够的重视。在开学前几日，我便开始筹划亲手制作书签。买了绿色和金色的彩纸，通过裁剪，成了一张张长方形的书签。在书写书签之前，对照孩子们的名单将他们的优缺点一一记录在名字旁边，再根据孩子的优缺点开始书写书签，最后写上我的名字。用塑封机给每一张书签都进行塑封，又在书签的上方用打孔机打了圆孔，系上绸带，一张张书签便完成了。

## 故事分析

依稀记得在上初中时，一次数学成绩没有考好，老师给我写了四个字——仔细检查。后来我把这四个字贴在了笔袋上，每次考试时，总是盯着这四个字看，好像觉得老师此刻提醒我要“仔细检查”。小学生的向师性特别强，总觉得老师做的事、说的话都是正确的，无论是几个字还是老师的一句话，只要是“老师”发自内心的，而且独属于孩子个人的，对孩子来说都意义非凡。

而这专属于孩子个人的书签，不是老师统一复印的，而是老师专门为孩子订制的，每一个人的文字都不一样，老师赋予孩子的期望也不一样。再加上书签小巧，携带方便，可以夹在平时学习的书本中，也可以夹在课外读物中，只要用到书的地方，书签都有它的用武之地。书签还带着老师对孩子的厚望，希望孩子成为一个“腹有诗书气自华”的人。

## 锦囊妙计

1. 化身“寄语书签”，迈向美好

“孩子们，喜欢老师送给你们的书签吗？”比起商店里购买的花里胡哨的书签，我制作的书签实在是太普通了。怪不得孩子们只是看看书签，并没有表达自己是否喜欢。接着，我把我在制作书签时的照片在大屏幕上一张又一张地滚动着，买纸、裁剪、书写、塑封、打孔、系绳，一系列的动作要重复44次。看着照片，我再次问孩子们：“孩子们，你们觉得这张书签还是普通的书签吗？”小红第一个举手：“我觉得老师太辛苦了，为我们每一个人制作书签。”跟风的孩子一股脑地举起手来。小明说：“老师，我太喜欢你给我做的书签了。”小丁也举起手来，说：“老师，你做的书签真的太好看了！”我心里暗暗笑着：这帮小朋友，太会看脸色了。接着我又说道：“孩子们，你们听！”伴随着轻音乐，教室里响起了熟悉的声音：“小林同学，宁静致远，收点脾气，来点静气！——爱你的连老师”“小美同学，美妙的声音属于你，希望你积极发言，让你美妙的声音回荡在教室的每一个角落。——爱你的连老师”……播放完一段段事先录制好的音频，我接着说道：“孩子们，看看你们的书签。”“啊，这就是老师写在我书签上的话。”“我的也是，老师把对我说的话都写在书签上了。”“我的也是。”……顿时，教室里沸腾了，空气中夹杂着激动、感动等无以言说的情绪。“孩子们，老师写在书签上的话，都是真心想对你们讲的话，老师希望每个人都能扬长避短，在新学期里遇见一个更好的自己。同时，老师更希望你们多读书、爱读书，因此老师觉得书签最能代表老师的心声，当你们在看书时，将老师亲手制作的书签夹在书中，希望能给你们一种热爱读书的动力。”

2. 化身“表扬书签”，增加动力

看着小林的脸上露出的一丝丝微笑，我想他此刻的心里肯定非常高兴。在他的数学书里，我悄悄夹了一张“表扬书签”，上面写着：“小林，恭喜你在全校的‘谷超豪数学竞赛’中取得满分的好成绩，老师为你骄傲，同学们为你骄傲！凡事尽力而为就是完美！这是除了学校的奖状和奖品额外的一份奖励，这份奖励是老师亲手制作与亲笔书写的书签。”

我把小林悄悄地叫到身边：“小林，老师送你的‘表扬书签’你还喜欢吗？”小林边微笑边使劲地点头。我继续鼓励着，说道：“老师希望你能继续努力，凡事尽力而为就可以了！”我害怕因为满分会给偏内向的小林带来压力，因此告诉小林尽力而为就是完美。

为了增加“表扬书签”的神秘感，所有的“表扬书签”都是神秘送出去的，孩子们有时在书本中找到，有时在铅笔盒里找到，有时一早进教室就可以在课桌上找到，千方百计让“表扬书签”既保持神秘又保持专属，这样的送礼物方式才会显得礼轻情意重，才会让学生分外珍惜。

3. 化身“提醒书签”，规整行为

在小学生的身上，每天都发生着“鸡毛蒜皮”的事。有些小事需要批评教育，有些小事却不能过分解读，需让它随着时间慢慢淡化在光阴里。

小王和小徐是一对好朋友，两个人因为一块橡皮闹得不愉快。小徐没有经过小王的同意就把橡皮拿过来使用，并且折成了两半，小王心疼不已。因此，两个人在教室里闹别扭了。虽然两个人都没有告诉老师事情的原委，但是班级的“间谍”早就把事情的来龙去脉告诉了我。因此，我给小王和小徐都写了“提醒书签”。

写给小徐——“知错能改，善莫大焉！老师说的你肯定能懂，希望你主动道歉！——信任你的连老师”。

写给小王——“宽宏大量，不拘小节！老师说的你肯定能懂，希望好朋友能重归于好！——信任你的连老师”。

趁他们去上体育课，我把两张书签分别夹到了他们的桌子一角。放学后，两个人手拉手到办公室找我。小徐先开口说：“老师，我已经向小王道歉了，我们已经和好了！”小王也跟着说：“老师，我已经原谅小徐了，我们两个人本来就是好朋友，我不会怪他的。”我笑了笑，说道：“你们两个人都很棒，能理解老师说的意思，你们值得老师信任！”两个好朋友高高兴兴地又一起回家了。

一张小小的书签化身寄语、表扬、提醒，在日常班级管理中，真是帮了大忙。我非常喜欢书签，成本低，易操作，接下来还要继续将书签化身为“家长沟通书签”“小组奖励书签”……

“寄语书签”面向全体孩子，每个人都能收到老师亲手制作的书签，这是孩子们的“开胃菜”，让每个人都尝一尝拥有书签的味道。而“表扬书签”就是个人专属书签，仅此一张，孩子就会分外珍惜，有了老师的鼓励，相信孩子会朝着这个方向继续努力。“提醒书签”也是个人专属书签，把批评教育化身文字提醒，都说“每一个孩子都是问题解决的专家”，让学生通过“提醒书签”内省继而反思自己的行为，本着“自己的问题自己解决”的原则，提高学生解决问题的能力。

小小书签，赠你千言，希望小小书签成为沟通的桥梁，成为解决问题的润滑剂，成为努力学习的“糖衣炮弹”。

# 第14招　“过动”转移
## ——一个多动症孩子转移注意力的故事

### 故事在线

“小明，你管理的区域，这周的卫生不是特别理想，你要加强管理啊！”今天网格员会议，我对小明说道。小明一本正经地说：“老师，我知道了！我想知道我们这个区域这一周哪几天被扣分了。”“你们这个区域的卫生项这周的周一、周三、周四都被扣分了，你可以继续关注你们区域的卫生情况。”我继续说着。“好的，我知道了。”小明斩钉截铁地说。

“小明，你管理的区域，这周的卫生没有被扣分，但是你这个区域的小华、小李周三数学作业没有上交。”又是一周网格员会议，我对小明说。“是的，老师，我知道这周三有两位同学没有交数学作业，询问原因说是自己的作业落在家里了，因为是第一次没有交作业，我选择相信他们。”小明解释没有上交作业的原因，看来小明是了如指掌啊！

在担任网格员之前，小明有这么稳重吗？其实不是。

小明的父母常年不在家，小明跟着祖父母长大，由于小时候疏于管教，小明在一年级时就表现得与其他同学不太一样：上课注意力不集中，甚至屁股不着椅子，即使坐在位置上手中也是动不停，我便联系小明的父母，想让小明父母带孩子到医院做个多动症评估。果然，小明的评估结果是多动症中的“过动”类型，顾名思义“活动频繁”“活动过多”，俗称无法安静下来。为了让小明能够安静下来，医生建议小明借助药物进行辅助治疗，小明的父母也非常配合，特地放下外地生意回来陪伴小明。经过一、二年级的治疗，小明的情况确实稳定了很多。在三年级时，小明慢慢跟上同学们的步伐，行为习惯在逐渐改变，学习成绩也在慢慢提高。因此在四年级班级推行“网格化”管理时，小明被任命为“网格员”。这一任职，让小明的转变更加明显了。

慢慢地，小明忙碌起来，以前课间在同学们眼里的异样行为也不复存在。要知道，原来的他一到下课，就坐在地上玩自己掉在地上的铅笔；或者把自己书本的角落一直撕得粉碎；或者用铅笔在自己桌子、手臂上乱画。不是在弄自己，就是在捉弄同学：一会儿在认真画画的同学的画作上胡乱画几下；或者走到同学的桌子边拼命地摇晃，直到把桌子上的书本摇晃在地为止；或者拿起同学的书本扔向空中，紧接着接住书本再次往空中扔，搞得同学急得哇哇直叫！反正一刻都没有停止自己手中的小动作，可以说有小明在的地方就是鸡飞狗跳的地方。

## 故事分析

儿童多动症又称注意力缺陷多动症（ADHD）或脑功能轻微失调综合征，是一种常见的儿童行为异常疾病。这类患儿的智力正常或基本正常，但学习、行为及情绪方面有缺陷，主要表现为注意力不集中，注意短暂，活动过多，情绪易冲动，学习成绩普遍较差，在家庭及学校均难与人相处，日常生活中常常使家长和教师感到没有办法。多动症的患病率国外报道在 5%~10%，国内调查在 10% 以上，男孩多于女孩，早产儿及剖宫产儿患多动症的概率较高，大约在 6% 以上。ADHD 分为三种不同的类型，分别是“注意力缺失”“过动”“注意力缺陷合并过动”。

其实生活中“多动”的孩子非常多，但是有些父母就是不愿正视孩子的问题，一听到“多动症”就以为是精神疾病，内心无比抗拒。我觉得我们要把“多动”看成普通的感冒症状，而不是把它当作“精神上的疾病”，因感冒引起的身体不适，应该及早就医，越早介入恢复的效果越好！

小明的父母还是非常开明的，愿意正视自己孩子的问题，听取老师的建议让孩子到正规医院检查，并药物介入。“是药三分毒”，家长怕药物对孩子的身体有伤害，我想只要听取医生的建议，就不会有问题，因为医生对药物有专业的评估，有正确的判断。

药物只是辅助作用，家长陪伴更加重要。小明的父母放弃在外地的生意，全身心陪伴小明，纠正其不良行为习惯，与小明沟通交流。在这三年的时间里，小明有了明显的变化，作为父母应该是欣慰的。

## 锦囊妙计

1. 同桌小老师

“小林，你是老师最信任的孩子，而且你还是班级里最懂事的女孩子。小明是我们的好伙伴、好同学，他现在需要一位好同桌坐在他身边时时提醒他，我想请你当他的同桌，好吗？”二年级时我把班级最优秀懂事的小林叫到办公室，想让小林和小明成为同桌，时刻帮助小明，同时让小明在班级里能找到依靠。“老师，我能想一想吗？”小林犹豫了。“你当然可以有自己的选择，我想小明与我们相遇在一个班级，那都是神奇的缘分。同时，你是老师的学生，小明也是老师的学生，老师不想放弃班级里任何一个孩子，所以老师觉得你是最适合当小明同桌的人选。”我继续说服小林。小林看着我回答道：“好的，老师，那我该怎么做呢？”“其实你要做的就是时时刻刻提醒小明，当他做得不对的时候就告诉他，这样做是不对的，应该这样做，让小明找到一个可以依靠的人！”小林看我说的任务并不复杂，说道：“好的，老师，我会努力看着小明，不让他出什么乱子。”

小林果然没有让我失望，在学校里时时帮助小明纠正不良习惯。有一次公开课，小明误认为老师请他回答问题，就不自觉站起来，小林连忙拉着小明的衣角，让小明赶紧坐下来，小明看小林拉他的衣角连忙坐下来。这个“拉衣角”成了两人之间的“暗语”了，坐在观众席听课的我，看在眼里，感动不已。

2. 全班传帮带

小明毕竟生活在整个班级的“小社会”中，要让全班孩子包容小明，不让小明受到不一样的目光，这需要全班都行动起来。

三年级了，孩子也越来越懂事了，因此不能仅仅让小林帮助小明，现在需要全班孩子一起帮助小明。

“孩子们，这是我们人体从受精到出生的视频，认真观看，看完后谈谈自己的感受！”我播放着视频，引导孩子们观看。小张举起小手：“老师，我觉得生命好伟大啊！从一颗小小的受精卵到现在我们能长这么大！”小峰也举起小手：“我觉得我们要好好保护自己的生命，因为每一个生命的到来都不容易。”

“孩子们，我们刚刚学完一篇文章叫《花钟》，现在我们来看一段花儿盛开的视频。”我继续播放着视频。小林举起了手：“老师，我觉得每一种花开放的时间都是不一样的，因此形成了花钟。”我接过小林的话：“是啊，孩子们，我们每一个人都像一朵未盛开的花儿，每一种花儿盛开的时间都是不一样的，我们要静静等待未盛开的花儿。”我又播放着我们班级每一个孩子的笑脸，让每一张笑脸都深深印在孩子的心头。我接着说道：“我们要保护还未盛开的花朵，施肥、浇水，我们要做最棒的园丁。有请小林，你是最好的园丁。”音乐响起，我给小林颁发了“优秀园丁”的表彰。

虽然我没有说破，但是三年级的孩子，都能明白我的用意。在三年级的一整年里，同学们都保护小明、宽容小明。

3. 网格员达人

“我们这一组的网格员达人就选小明了，小明认真负责检查我们小组的卫生，认真收齐小组作业，对小组每一位同学都非常有耐心，我投小明一票。”“我赞成，我也投小明一票。”“我也赞成小明当最佳网格小达人。”在四年级上学期期末评选“最佳网格员”时，小组的同学把票都投给了小明。

四年级的“网格员”让经过三年努力的小明有了“质”的变化，小明对自己负责的工作上心、细致，赢得了同学们的认可，这种认可对于小明来说实在“难得”，也让小明在肯定的环境中健康成长。

“孩子的花期未到，静待花开！”可是，如果在养花时，没有给予阳光、雨露，我想即使再努力慢慢等待，有些花也不一定会开放，只有我们给花儿们创造阳光、带来雨露，花儿们才会有一天如我们所愿，迎光开放！

# 第15招 “我喜欢你”

## 故事在线

“连老师，你有空吗？跟你说件事情啊！”心理老师神秘地拉着我到了心理教室。

“什么事情，这么神秘啊？”我好奇地看了看心理老师。

“虽然我是心理老师，需要遵守专业操守，但是现在临近六年级毕业考了，我觉得还是有必要和你通下气。你们班的小玲喜欢小凯，而且两个人有书信往来，我怕影响升学考试，你注意下啊！”

“现在的孩子真是早熟啊，什么‘喜欢不喜欢’，六年级就知道了！你是怎么知道的？”我又好奇地追问着。

“那天我在课上玩了一个游戏，发现同学们都喜欢把小玲和小凯捆绑在一起，看到大家起哄，他们两个人羞涩地低下了头，我看着就觉得不对劲。下课后，我把你们班最积极的小红留下来了，故意问小红说，小红啊，小玲喜欢谁，你知道吗？小红还想瞒着我，故意说自己不知道。我继续引导小红，故意说她也有喜欢的人，小红就被我给吓到了，连忙解释说，自己没有男朋友，有男朋友的是小玲。这样才把小红的话给套出来。”心理老师说着。

“谢谢你啊，及时关注孩子们的心理变化，让我想想怎么办。现在处于毕业考的关键期，孩子们又是刚步入青春期，这个事情不能操之过急。”我有些担忧。

接着几天，我十分关注小玲的动向。上课时，小玲会把余光时不时转向小凯。小凯坐在小玲的右前方。只要小玲站起来回答问题，在坐下来之际头都会转向小凯的方向。这可能就是小姑娘的“春心萌动”吧，在乎自己的行为，也在乎喜欢对象的反应。

课间，小玲也没有出去玩耍，而是在位置上写写画画，当然我不知道她在写什么和画什么，但是嘴角上扬的小玲，让我感受到那一刻小玲属于自己的快乐！

看来，小玲喜欢小凯是事实。

而小凯呢，似乎对小玲也有好感。我最近发现小凯的发型变了，而且每天早上头发上都是“油光发亮”的。一天，在楼梯上碰到小凯，我调侃了下小凯：“小凯，发型很帅气啊！早上起来花了不少时间吧！”小凯听我这么一说，不好意思地说：“老师，没有没有，就一会儿时间。”他瞬间加快了步伐，把我甩在了后面。课间，小凯和同学聊天，有时候故意把声音放大：“你说这样酷不酷？”我猜想这声响是想引起小玲的注意吧，果真小玲把头抬起来看着小凯。

## 故事分析

青春期是人类成长的一个非常重要的阶段，是从孩子到成人的必经之路。叛逆、独立、性懵懂……只有经历过青春期的种种，孩子才算真正心智成熟，长大成人。青春期的孩子，都会有这样那样的“喜欢”，应该说是“互生好感”。这“喜欢”是“成熟”的催化剂，不宜多也不宜少，过多过少都不利于“催化”。

而往往有些老师、家长一听说孩子“早恋”就会非常紧张，担心一旦早恋，孩子精力会转移到恋爱上，无心学习，引发成绩大幅度下降；担心青春期随着身体的变化，激素的分泌，引发一些不恰当行为；担心情绪起伏波动大，易产生一些莫名的烦恼，导致精神不佳，心悸、头痛、失眠等，从而影响身体健康发育；更担心青春期亲子沟通本不顺畅，再加上因为干预“早恋”问题，更容易导致孩子叛逆，进而影响和孩子的关系，变得无法沟通。

青春期是孩子们必过的一条河，“互生好感”是河边最美的风景，只有静静欣赏，遵循“树欲静而风不止”，我想还是不要过度紧张。

## 锦囊妙计

1. 偶遇“小情侣”，请喝奶茶

为了制造亲近“小情侣”的机会，我每天都在寻找机会。周五放学后，小玲和小凯最后走出教室，而且两人似乎相约好一起放学回家。我也赶紧收拾东西，准备和他们来一次“偶遇”。远远地看着他们走出校园，我在 100 米开外的校门口“望眼欲穿”，眼看他们走进离学校不远的商场，我便扫了一辆共享单车，从另一入口进入商场，希望能偶遇他们。

进入商场后，两个小家伙迎面向我走来，两个人有说有笑的，聊得挺开心。尴尬的是我，我走到边上，假装看到又没看到，其实两个小家伙聊得太投入了，根本没有看到迎面走来的我。“小玲、小凯，你们怎么在这里啊？”我装作偶然碰见的样子，好奇地问道。“老师，我们……”小玲惊慌得说不出话来。“老师，我和小玲买杯喝的再回家。”小凯倒是镇定地回答。“老师请你们喝吧！”我顺水推舟地说。“不不不，我们自己买！”小凯挥着双手，嘴里一直说着“不”。“没事，就老师来请客，旁边有星巴克，老师请你们喝果汁。”我拉起小玲的手，往星巴克走去，小凯也跟上来。

点了三杯果汁，我们三个人找了个角落的位置坐下来。

2. 观点重建，正确看待“好感”

“我们一起玩个游戏吧！”我提议，小玲和小凯点了点头表示赞同。“每个人手上都有一张纸和一支笔，听我的问题，你们照着做，你把它画出来或者写出来都可以。”我边说边把事先准备好的纸和笔拿出来。“准备好了吗？”我示意着要准备了，“请听题。请写出和你一起生活的家里人。”我看小玲和小凯都写好了，便开始继续出题：“请将你写好的家人围成一圈，一家人幸福地生活在一起。你家里有几套房子呢？在这个圈外面画也可以写，有几套写几套。”我停了停，等他们画完，我继续问道：“你家有车吗？同样，有几辆画几辆。那么你家有多少存款呢？写个大概的数字就好！”我继续引导，“请在所有写好或者画好的外面再围一个大圈，写上你爸妈的学历。在学历外面再画一个圈，由外到里画一个箭头，在箭头上写上‘幸福生活’四个字。”

3. 憧憬未来，共同努力

等孩子们都画好，我说：“你们谁来说说，画好后有什么感受呢？小凯，你先说吧。”

“我现在和我爸爸妈妈一起生活，家里有一套房子和一辆车子，存款我写了一点点，我爸爸妈妈都是研究生学历。我知道爸爸妈妈都很努力读书、找工作赚钱，我们的房子和车子都是爸爸妈妈自己买的，太不容易了！”小凯说着。

“我家里有四口人，除了爸爸妈妈还有一个妹妹，我家有两辆车和一套房子，存款我不知道有多少，我爸爸妈妈都是大学生。我们家里所有东西都是我爸爸妈妈自己打拼的，因为我们不是本地人，来到这里一切都得靠自己，我曾经听妈妈这样说过。”小玲也介绍自己的情况。

我接着说道：“你们两家的情况特别相似，都是父母努力读书，买了房买了车，再生下你们，才有现在幸福的家庭。我想只有努力了才能为自己创造更美好的未来，你们的父母都是为幸福努力的人！请你们把纸翻过来，再听问题继续画。请准备。”我继续说着，“把自己的名字写上，在自己名字旁边画上未来的妻子或者先生，请用一朵花表示。你准备买几套房就画几套房，买几辆车就画几辆车。你准备读书到什么学历，请写上。准备从事什么工作，请写上工作的名字。请把所有写好的或者画好的事物全部圈在一起。并且在所写或者所画事物旁边画上问号”等小玲和小凯都画好后，我接着引导：“来谈谈自己的感受！”

“我觉得这个大圈就是一个大大的零，我现在除了自己，什么都没有，房子没有，车子没有，学历没有，啥也没有！”小凯有些沮丧。

“我也是，我现在啥也没有！”小玲也沮丧地说着。

“孩子们，你们不要沮丧，你们的父母也是从啥也没有开始努力的，所以现在最重要的是读书，把书读好，将来找一份好工作，才能创造我们美好的未来。如果现在让光阴在一些无聊的事情中荒废了，那未来真的啥也没有！只有现在努力了，未来才能为爱人创造更美好的生活。”小玲和小凯不好意思地点了点头。

不知道孩子们有没有听进去我说的话，但是在小学毕业考试前这段时间里，我发现小玲不再东张西望了，而小凯也把头发理成了寸头，两个孩子都很认真地复习，准备迎接毕业考试。

# 第16招　跑跑算算陪练团

## ——想一个“会学习”的点子

### 故事在线

又到一年一度的校园“英数文化节”。在众多活动中最有意思的要数“口算接力赛”了，既考验孩子们的运动能力又锻炼孩子们的思维能力。可是这项活动却让小丁很苦恼。

小丁，一个7岁的孩子体重却有90斤，因为体重问题，奔跑成了他难以越过的坎儿。小丁还有一个坎儿就是计算，至今还需要掰手指来计算，小丁成了我们班级的重点培训对象。

小丁虽然体型有点大，但是一副呆萌的样子，再加上说话有些稚嫩，显得特别可爱，同学们都非常喜欢他。“孩子们，即将到来的‘口算接力赛’，我们要使出浑身解数，为班级争光。”我的目光扫向了小丁，小丁悄悄地把头低了下去，他知道自己在跑、算这两方面都不太行。“接下来我们要成立‘跑跑算算团’，觉得自己跑步和计算方面都要加强的小朋友可以加入我们的团队中，通过训练，希望能在比赛中取得好成绩。同学们，你们说好不好？”“好！”班级孩子的回答异常整齐、响亮。“想加入的小朋友，下课后可以向老师报名哦！”

一到下课，孩子们都跑过来说自己要报名，为了提高效率，两方面都优秀的孩子就不让他们参团，鼓励他们自己训练。“小红跑得非常快，计算也非常快，不用参团，只要平时自己加紧训练就可以啦！小林也是一样，在这两方面都非常棒，不用参团！”我边说边看着小丁，他在位置上做着自己的事情，并没有想要报名的意思，我悄悄地对站在我旁边的小张说，让他邀请小丁一起报名参加。小张这孩子聪明，走到小丁旁边，看他边说边推着小丁，肯定是在劝服小丁一起参加。小张拉着小丁一起来到了我的身边，“老师，我们两个人一起参加”。只要小丁来参加，成立“跑跑算算团”就算是体现了它存在的意义。随即，我在班级里宣布了“跑跑算算团”的10人名单。

## 故事分析

维果斯基的“最近发展区理论”，认为学生的发展有两种水平：一种是学生的现有水平，指独立活动时所能达到的解决问题的水平；另一种是学生可能的发展水平，也就是通过教学所获得的潜力。两者之间的差异就是最近发展区。小丁的现有水平在团体中属于偏后，体型稍胖，计算速度不够快，那么需要通过一定的策略挖掘小丁的潜力，让他接近他的“最近发展区”，从而获得自身的进步空间。

“口算接力赛”既锻炼了孩子们的体能又锻炼了速算能力，但是两项都不是小丁的强项。只有训练小丁的弱项，才能让小丁达到自己的“最近发展区”。如果在班级成立“小丁跑跑算算团”，在团体的压力下，小丁会有“我不行，我会拖班级后腿！”的自我认识。这是自我否定的负向激励，会减弱训练的效果。通过“同伴相约”的方式，邀请小丁参加“跑跑算算团”，使他成为为班级争光的一分子，这是来自这份荣誉感的正向激励。殊不知，这个“跑跑算算团”就是为小丁量身定做的，为的就是用隐性的方式“一群人带一个人”，让小丁离他的“最近发展区”再近一步。

## 锦囊妙计

1.家长“算算”陪练团

接下来每天放学后，陪练团都会来到操场训练。小丁的跑步速度和计算速度依然很慢，因此要改变陪练方案，不再一次又一次地按照比赛的样子进行训练，在陪练团中增加了小丁的父母。

我拨通了小丁妈妈的电话：“小丁妈妈，小丁这孩子在学校很受欢迎，马上要进行‘口算接力赛’，班级好几个小朋友都陪着小丁练习呢！我们已经陪练了好几天了，但是小丁的跑步和计算速度还是没有跟上，我想这需要你们共同参与。”小丁妈妈一听有这么多同学喜欢小丁，帮助小丁，心里很高兴，爽快地说：“老师，我们一定全力配合。”我接着说道：“接下来几天，你们每天晚上给小丁做口算训练，口算的题目我稍后发给你，我们在学校陪着小丁练习体能。先这样分开练习，快比赛的时候，两项内容再合起来训练，你觉得怎么样？”小丁妈妈激动地说：“老师，没问题，我们一定全力以赴！谢谢老师，为小丁费心了。”“我们作为老师也想趁此机会，把小丁的口算能力再提一提，希望对他有帮助。”我接着说道。

小丁的妈妈也非常给力，每天多加一张口算训练题，小丁妈妈辅导小丁做完题目并写上了小丁做题的时间，做完后当天就拍照发给我看！看着一张张口算练习卷，看着一个个记录的时间，小丁在这段时间里还是有进步的。

2. 学校“跑跑”陪练团

接下来的几天里，陪练团的小朋友陪着小丁一起跑步、蹲起、拉伸，虽然很累，但小丁坚持下来了。

离比赛只有两天的时间了，我们要进行模拟比赛，小丁被排在中间位置。轮到小丁时，全班孩子都在为小丁加油，陪练团更是呐喊得起劲，毕竟是他们一直在陪练。将近两周的训练，小丁比之前的跑步速度稍快了一些，计算能力却比之前有较大进步。轮到接力的孩子每人写 5 道计算题，刚开始的时候，小丁需要写 3 分钟左右，今天的用时是 1 分钟，可见这段时间的口算练习是有成效的。

模拟比赛结束后，我把小丁叫到了办公室：“小丁，刚刚的模拟比赛，感觉怎么样？没事，说说看！”小丁不好意思地说：“老师，我好紧张啊！我很想跑快一点，但是真的跑不动。计算题，我已经用最快的方法掰手指了，但是也没有那么快呢！”我鼓励着说：“小丁，你知道吗？你原来写 5 道数学题要 3 分钟，现在只用了 1 分钟，你的进步已经是飞速了！”小丁不敢相信，一直问：“真的吗？”我点点头说：“是真的，老师怎么会骗你呢！接下来的真正比赛，你放开脚步，能跑多快就跑多快，能算多快就算多快，要对自己有信心，老师也对你有信心，毕竟我们一直在努力训练，加油！”听了我的话，小丁高高兴兴地回到了教室。我后脚跟进教室，在全班同学面前给了小丁大大的表扬，希望公开的表扬可以更加激励小丁。

3. 赛后“鼓劲蓄油”团

比赛当天，大家都全力以赴，小丁也是一样，经过训练，小丁稍微跑快了一些，对于计算题小丁的速度又提高了一些，这次是 45 秒就完成 5 道题的计算。最终，我们班获得了第三名的好成绩，但是孩子们还是有些失落。

随即，我让孩子们席地而坐，语重心长地说：“孩子们，你们知道吗？

在办公室里，所有班级的老师在比较模拟成绩时，我们班级排名是倒数第一，我没敢跟你们说，怕你们失去信心。但是今天的决赛我们得到了第三名的好成绩，已经非常了不起了。特别要表扬的是小丁同学，从 3 分钟 5 道数学题到 1 分钟再到今天决赛的 45 秒，小丁口算速度突飞猛进，才会让我们得到第三名的好成绩。让我们把掌声送给小丁也送给我们自己。小丁，你说说，自己都是怎么训练的呢？”小丁不好意思地站起来说：“老师，我知道‘跑跑算算团’是为我准备的，我们每天都在操场上训练，如果下雨我们就在一楼练习，我每天回家都会增加口算练习，给妈妈批改再发给老师检查。”我接过小丁的话：“孩子们，比赛结果并不重要，重要的是我们努力的过程，我们流下的汗水、踏过的土地都是我们努力的印迹。‘不积跬步，无以至千里’，希望同学们今后无论遇到什么事都要一步一个脚印，踏踏实实走好每一步。”孩子们似懂非懂地听着，最后我拿出了一袋棒棒糖奖励孩子们，孩子毕竟是孩子，团队里的乌云一下子就散开了，孩子们又高高兴兴地回到了教室，仔细看小丁，他的步伐比之前显得轻巧多了……

通过激励个人影响全班，通过全班表扬激励个人，我们唯一的目的就是想让我们的孩子变得更好！小丁并不是一个完美的小孩，体型过胖、学习能力一般，这样的小孩在班级里一般是孤独的，但是小丁在班级里却非常受欢迎。小学生向师性强，能准确洞察老师喜欢谁不喜欢谁，如果让孩子们知道老师不喜欢小丁，那小丁在班级里肯定是没有朋友的。对待每一个孩子我们都应该一视同仁，我对小丁亦是如此，喜欢小丁憨憨的样子，喜欢小丁单纯的样子，那么其他的孩子也会跟着老师一起喜欢小丁，所以后面有那么多的同学都愿意成为小丁的陪练员。

抓住小丁的点滴进步，放大闪光点，公开表扬，让小丁在同学们面前树立努力学习的形象，对建立小丁的自信心是有极大帮助的。来自公众的目光既是鼓励也是监督，让小丁自发觉得我要努力保持这样的形象。久而久之，小丁会形成内在学习自驱力，自然会慢慢进步。

改变一个孩子不容易，需要家校共同努力，有时候家长最担心的是“老师放弃了自己的孩子”。只要让家长知道老师也在积极寻找方法改变他的孩子，并没有放弃，家长自然会跟你一起，朝着为孩子努力的方向前进。小丁妈妈帮助小丁训练口算是有成效的。比赛结束后，我鼓励小丁妈妈帮助小丁继续训练下去，希望通过慢慢训练，小丁能赶上其他孩子的步伐！

# 第17招　最美作业最美的人

## 故事在线

“孩子们，到四年级了，书写的字应该越来越棒才是啊！怎么越写越难看呢！”我对着全班孩子说。孩子们把头低下去不敢作声。接着我随手展示了几本孩子书写的作业本：“孩子们，你们看一看，发现了什么？”小丁举起小手说：“老师，他写的字还是挺好看的，但是把笔墨都涂开了，这样作业就显得脏兮兮的。”“是啊，虽然字迹清晰，但是给人第一印象是脏兮兮的。再来看看这一份作业，你们说说，写得怎么样？”评价别人的作业，孩子们总是很积极，小李举手答道：“老师，这作业的字真的是‘龙飞凤舞’，好难看啊！”“孩子们再来看看。”我又拿出几份作业放在投影机里让孩子们看，孩子们看后都直摇头，看来孩子们都会辨别美观与潦草。

紧接着，我又把班级里字迹美观的作业本放在投影机里给孩子们看，有些孩子张大了嘴巴，一副惊讶的样子。有些孩子不禁发出赞叹：“这字也太好看了吧！牛！牛！”有些孩子竖起大拇指，一脸敬佩的样子。随即我叫了一个竖起大拇指的孩子：“你为什么竖起大拇指啊？”“老师，你看他写的字像印刷的一样，太厉害了！我写不出来。”

“孩子们，现在你们要化身评卷老师！从四年级开始我们期末考试结束后就要把试卷上传网络进行电脑阅卷，让我们一起通过电脑模拟批改试卷。我们暂且先不看试卷的内容，就看他的书写，满分 5 分。准备，请看试卷，写下你的分数。让我们再看一份试卷，请写下你的分数。孩子们，两个分数都写好了吧。现在请你仔细看这两份试卷的答案，你发现了什么？”我向孩子们问着。孩子们纷纷举起小手：“老师，我发现这两份试卷的答案是一模一样的。”“那你打下的两个分数是一样的吗？”我追问孩子们，孩子们看看自己的分数都摇头。我继续追问：“同一个答案，为什么你们打的分数会不一样呢？”小红第一个举起了小手：“老师，我知道，是因为他们的字迹不一样，字迹端正的试卷我们一眼就能清楚地看到答案，所以会得高分；字迹潦草的试卷我们第一眼看过后的印象就不好，所以分数打不高。”小林也举起了小手：“老师，我也是这样，字迹端正分数就高，字迹潦草分数就低。”“和两位同学理由一样的，请举手。”班级里齐刷刷地举起了小手，我趁机又追问道：“对你们有什么启发吗？”“老师，我觉得书写端正太重要了！”“是啊，书写端正，对电脑阅卷特别有利。”“老师，我也觉得书写端正太重要了！”……“看来大家都明白，书写端正真的太重要了！”我顺势总结道：“接下来，我们要想办法把字写端正。”

## 故事分析

孩子在小学六年的时间里，在二年级时书写最漂亮。一年级是书写入门阶段，重在握笔正确和结构端正，经过一年的铅笔书写训练，在二年级时铅笔书写最漂亮。到了三年级，慢慢由铅笔转向签字笔（钢笔）书写，握笔方法一样，但是书写的起落笔稍稍不一样，孩子的书写慢慢没有那么端正。到了四年级，由于作业量慢慢增加，孩子们为了提高写作业的速度，不再注重书写的字迹，慢慢养成习惯后，想再纠正一个坏习惯就比较困难。因此，到了五、六年级，孩子们都有了自己写字的“风格”，有时候老师一看字就知道是哪位孩子的作业本，就能找到作业本的主人。

当然，这与孩子的性格也是有一定关系的。有些性格活泼开朗的孩子往往不在乎这些细节，不注重字迹的一笔一画，只求完成作业，不在乎作业的质量。而性格沉稳的孩子，一般能静下心来把要书写的字一笔一画写端正，长期坚持形成良好的书写习惯。

虽然随着科技的进步，以后需要书写的机会越来越少，但书法是我们的优秀传统文化，更有“字是门面，一手好字，受益一生”的说法，在当今的考试体制下，写一手好字是非常占优势的。字好的试卷给阅卷老师的是一种享受，能够得高分；而字迹潦草的试卷，会让阅卷老师感到疲惫，因此难得高分。

## 锦囊妙计

1. 贵在坚持练习

“孩子们，‘见字如面’的时间到了，请同学们拿出书法练习本！”孩子们听到指令，便把书法练习本拿出来等着一起练习书法。“孩子们，今天我们要练习的是左窄右宽的字，仔细观察，你觉得有哪些地方需要提醒同学的？”班上书写最端正的小凌举起了手：“左窄右宽的字由两个部件组成，因此部件与部件之间的穿插笔画要特别注意避让。‘林’字中间点与撇要注意避让。”小凌说完，我在黑板上范写，孩子们也拿起笔模仿着写字。

每天中午 12:30—12:50 是我们班的“见字如面”时光，短短 20 分钟，虽然写不了几个字，但是每天中午在固定的时间里做同一件事情，孩子们渐渐地养成了书写的习惯。书法的练习不是一蹴而就的，需要长久坚持才能慢慢养成习惯。

2. 评选期末“最美作业”

“孩子们，我们每天坚持练习书法，我们的小小成果都体现在我们的作业本上。期末的时候，我们要评出‘最美作业’的奖项。我相信经过一学期的练习，我们每个人的作业肯定都是端正、美观的。”开始每天固定练习书法时，我就跟孩子们约定好期末要评比“最美作业”，以此为小目标，激励孩子们努力练习。

眨眼到了期末，我说道：“孩子们，现在我们要进行‘最美作业’的评比，每个同学的作业本都放在自己的桌子上，每位同学手上会领到 10 个点赞贴纸，仔细翻阅同学们的作业本，你觉得谁的作业本卷面整洁、字迹美观，就把点赞贴纸贴在谁的作业封面上，点赞贴纸获得最多的就被评为‘最美作业’。孩子们，规则听懂了吗？”孩子们齐声回答，并领取了点赞贴纸。

孩子们真是负责的小老师，很多孩子先在教室转一圈，翻阅着每一本作业本，对使用自己手中的小权利谨慎再谨慎，再转上一圈，才把自己的点赞贴纸贴在自己心仪的作业本上，算是投出了自己神圣的一票。

“我宣布，本学期获得‘最美作业’的同学有小李、小芳……获得‘最具书写潜力奖’的同学有小林、小张……获得‘书写进步神速奖’的同学有小华、小胡……”几个奖项下来，把全班的孩子都表扬了一遍，虽只有一张奖状，但是对孩子来说是对这一学期坚持练习书法的肯定。这肯定也是孩子们继续前进的动力！

# 第 18 招　来几场作文 PK 赛

## 故事在线

“对人物的语言、神态、动作等，进行精心细腻的描绘，这是本文的一大特色。结尾令人饱含期待与热情，言已尽，意犹未了。”

“文章的结构简洁合理，你对原文的理解也十分深刻透彻。全文语言铿锵有力，掷地有声，读来令人热血沸腾，心潮澎湃。”

作为语文老师，对待学生的每一篇作文总是非常尽责地写下评语，每个孩子 60 字的作文评语，40 个孩子就有 2400 字左右；除了评语，还需要给作文做旁批，一个班级一个单元作文批改下来至少需要 4000 字的旁批加评语，八个单元作文批改至少需要 32000 字。写了这么多评语，对孩子的写作技巧来说有实质性提高吗？我看未必。

我对这种批改制度心存疑惑，因此有一次一个单元批改完毕后，在走廊上拉着一个同学询问：“小红，老师给你的作文评语，你看了吗？”小红不好意思地说：“老师，我没有看，我就看了您打的等级，还没仔细看评语呢！”此刻，我的心里拔凉拔凉的，老师花这么多时间阅读作文、批改作文，换来的是孩子们根本看都不看这些评语。我还不死心，又拦住了小明：“小明，老师给你批改的作文评语，你看了吗？”“嘿嘿，老师，我没看懂！”小明也是不好意思地回答。我仍不死心，回到教室，对着全班孩子说："孩子们，作文本上节课发下去，有看作文本评语的同学请如实举手，老师不批评。"全班 40 个孩子，寥寥地举起了 10 只不到的小手，我继续追问："作文本下发，每次都认真阅读老师评语的同学请举手。"此时，举起的小手更是少之又少，一眼看过去就 4 个孩子。那就说明，全班 40 个孩子，作文评语的回报率大概只有 10%，辛辛苦苦批改作文为的是让孩子在写作方面有所提高，但是实际结果却非常低效。

## 故事分析

学生为什么不看老师写的评语呢？

第一，千篇一律的评语。老师会用正确的作文修改符号画出学生写的优美的语句并附上"这处用的比喻句生动、逼真"或者"这处的连续动作写得真好，把摔跤时的各种姿势都写出来了"。而对于这样的旁批，孩子并没有觉得有什么新奇，因为他们自己也能读得出来。而对于作文评语，孩子们对老师的评语套路也是再熟悉不过了：先从文章的整体结构去表述，再从语言、神态、心理、环境等细节评述作文的写法，最后提出老师的建议——如果在哪个地方再怎么样一下，这样作文就会更加精彩。粗看这样的评语相当不错，有总述有分述，还有针对细节的评述。正是由于日复一日、年复一年同样的作文评语，学生已经看腻了，当老师辛辛苦苦批改好作文、写好评语下发给孩子时，他们偶有兴趣才会看一眼，甚至不看。

第二，没有实质性提高。针对老师写评语，学生有实质性提高吗？除了觉得"每次都是这样，我猜都猜得出来"，学生没有兴趣去阅读老师写的评语。比如用波浪线画出写得优美的句子，孩子们也会画，孩子们也会判断这是一句比喻句、拟人句或是排比句，因此老师的旁批是多余的。对于评语最后的建议，只提出了修改意见，如何修改并没有呈现，而孩子们最需要的就是了解修改的方法，这样对写作才有实质性的提高，孩子们才会感兴趣。

## 锦囊妙计

1. 比赛写片段

出于作文评语的反思，我把写评语的时间挤出来换成和孩子们比写片段。

“站在跳远板处，你突然发力向前跳出，啊，那动作叫人快乐无比，无法自控，随着双脚着地，一道美丽的‘彩虹’产生了，这是成功后的喜悦。”运动会刚结束，要求孩子们描写运动会印象最深刻的一幕，小华选择写跳远场景。在小华的作文本下面，我没有再用俗套的评语给小华建议“如果能加上动作描写，跳远就会更加生动”，而是直接写上了自己和小华 PK 的语句“预备，开始跳！裁判老师一挥手，只见他弓着腰，双手紧握拳头，两眼盯着前方。突然，他猛地一甩头，迈开大步，一阵狂跑，速度越来越快，一转眼就到达了踩板，猛地一跃，两腿向前伸展，在空中划出了一道弧线，落在了松软的沙子里”，并且在重点动词下面用红色小点标出来。我想这样对比着写，小华肯定有所感悟，加入动作描写与神态描写，把当时的场景写得更加逼真，让人读了文字有身临其境的感觉。

除了与孩子们在作文本上 PK 写段落，在作文课堂上，我们也来 PK，孩子写我也写，把老师 PK 下来，是孩子们最高兴的事。“孩子们，刚刚我们学习了课文的片段，现在我们也尝试着学写人物外貌的片段，看看谁的片段写出来后，能让同学们一下子就猜出来是我们班的某位同学，因此今天片段内容限制写班级同学。老师和你们一起写，咱们一起 PK，看看谁用最少的次数就能猜出同学。开始吧！”

我先让举手的小华读他的片段：“她高高的个儿，一头乌黑柔软的头发，梳着许多根又细又长的小辫子。雪白的瓜子脸，细长的眉毛下闪动着一双乌黑发亮的眼睛，流露出聪颖的光芒。她平时爱穿红黄相间的长条衬衫，配上浅绿色的紧身裤，多么像一位从新疆来的维吾尔族小姑娘啊！”孩子们一下子就猜出了是我们班级的小红同学。

接着我朗读了我写的片段：“他的脸上长着一双调皮的大眼睛，大眼睛下面是一个高鼻梁，小小的嘴巴在鼻梁下面，再加一个红扑扑的脸蛋，可爱极了！”孩子们怎么也猜不出来，我引导学生：“为什么会猜不出来呢？”小林很搞笑地说：“这位同学长得太普通了！”小红说：“这位同学长得没有特点。”接过小红的话，我顺势引导孩子，写人物外貌一定要写出特点，这样让人在脑子里有人物轮廓，一下子就能猜出是谁。

2. 现场写作文

“孩子们，作文的思维导图都修改好了吗？”写作文还要讲究一定的逻辑性，因此我常常用思维导图引导学生把作文梗概梳理出来，这样写起作文来就会八九不离十，不会偏离文章的中心。“思维导图都写好的话，那咱们要开始 PK 写作文喽。”听说是和老师现场比写作文，孩子们兴致盎然地低头奋笔疾书，当然我也是一样拼命写着五年级水平的作文。

“老师，我觉得这一处小红写得好一点，她把当时看到父亲辛苦时那种难过的心理通过面部表情和动作写出来了，所以我觉得这一处小红写得好一点！”小李对我和小红的作文进行评析。

“我觉得父亲的外貌，老师写得更加到位。花白的头发、深深的皱纹，这些都是父亲那个年龄该有的样子，所以这一处老师写得好一点。”小张评析作文。

你看，孩子们经过一次又一次的比赛写片段、比赛写作文，学会了评析别人的作文。只有具备一定的写作水平，才能对作文进行评析，说明学作文只要稍做一些改变，收获的效果是完全不一样的。

当然，对于基础稍差的孩子来说，PK 片段、作文，都是一次全新的学习，即便自己写不出作文，但是在一次又一次的对比中，潜移默化的进步总有一天会显而易见。

# 第19招　再见，小抄！

## 故事在线

“奇怪，这道题的答案，小芳和小玲怎么是一样的呢？”我心里打起了鼓，但是还是在试卷上都打了勾，给了满分。

“小芳这道题的‘蔓’字用错了，小玲这道题同样出现‘蔓’字，李老师，你帮我判断下，我觉得两个人当中肯定有一个孩子抄作业了。”我对坐在边上的李老师说着，因为实在不愿意相信两个那么乖巧的女孩子会互相抄作业。小芳乖巧、懂事，语文成绩在班里都是排在前几名的，小玲语文成绩虽然没有小芳优秀，但是也属于中等，不至于抄小芳的作业。我心里再次打鼓，决定再等一等，等待真相的出现。语文课堂作业本，两人的答案再次惊奇地一致，这下不得不相信，小芳和小玲肯定有一位孩子在抄作业。

于是，在批改下一课语文课堂作业本时，我故意偷了个懒，让小芳帮我批改作业。“小芳，老师今天要参加学校的会议，要请你帮我批改第13课的作业本，批改好后你在登记本上记录，等我回来你再跟我说说批改的情况。”“好的，老师，请放心交给我。”小芳乐呵呵地答应道。我随即走出了教室，把一堆语文课堂作业本留在教室给小芳批改。

放学后，我走进教室，留下了小芳，问道“小芳，辛苦你啦！批改好了吗？批改后的情况怎么样？”“老师，我都批改好了，都挺好的！”小芳答道。“没有什么特殊情况吗？”我继续追问道。“没有，老师！需要订正的同学都记录在登记本上了。”小芳依旧淡定地回答道。我继续直中要害地问着：“有没有同学互相抄答案的？”小芳的脸一下子红了，失去刚才那份淡定劲儿，支支吾吾地回答道：“没……没有！”“虽然给同学抄作业是出于好心，但它像一种毒药，侵害着大脑，让大脑越来越不喜欢动脑筋，最后让同学的大脑细胞枯竭，其实是在害同学。我这样说，你能明白吗？”我继续说道。“老师，我……我知道了！”小芳吞吞吐吐地回答道！

## 故事分析

从五年级开始班级慢慢会出现一些“小团体”，由于性别意识开始萌发，“同性小团体”特别是“女生小团体”相对多些。放学一起回家、作业一起写、生日一起过，这样的小团体如果不好好引导，将会产生一些不好的影响。小芳和小玲便是小团体作用下的坏影响，基础稍弱的孩子到成绩稍好的孩子那里抄作业。如果一直处于抄作业状态，那么小玲不再思考，成绩将一落千丈。

为什么会出现“小团体”现象呢？心理学上有一个叫作“自组织系统”的概念，之所以自然形成或者孩子们加入小团体，都说明他们有这方面的心理需求。小芳和小玲为什么会形成两个人的小团体呢？小芳和小玲都属于比较文静的孩子，平时喜欢看书、画画，两个人的文科比理科强，最重要的是两个人的家住得比较近，上学、放学常常在一起，自然成为最好的朋友。

其实心理学实践研究表明 99% 的学生小团体都是无害的，人生中真正的朋友都是在这种小团体中走出来的，所以志趣相投的朋友组成的小团体只要是积极向上的，我们班主任便要积极引导，而值得关注的是小团体中的领头人和活跃分子往往具有很大的活动能量。“擒贼先擒王”，所以对于小团体的领头人和活跃分子要因材施教、积极引导，发现他们的优点，放大他们的优点，进而搭建平台，充分发挥作用，只有这样才能使“小团体”为班级发挥最大的作用。

而小芳的成绩比小玲成绩稍好，自然成了两人小团体中的“领头人”。需让小芳明白给别人抄作业并不是帮助好朋友的行为，好朋友应该是引导同伴进而共同进步的。随着年级的升高，知识确实越来越难，畏难的孩子不想动脑筋，想捡现成的答案，抄抄便能完成作业。

## 锦囊妙计

1.为小玲“小抄”——课堂便条笔记

“孩子们，眼睛都看这里。这是这节课的重点，请同学们在书上做上笔记。小芳，请你把这条笔记写在便条纸上。”小芳很认真做着笔记。“孩子们，这条也是非常重要的，请你们把它认真地摘录在书上。小芳，请你继续把这条摘抄在便条纸上。”小芳很认真做着笔记。在语文课上，小芳把重点知识一一记录在便条纸上。课后，我把小芳叫到身边，让小芳把抄的笔记都贴在笔记本上。小芳整整抄了一个单元的便条笔记，在单元最后一课时，我再次把小芳留了下来，询问道：“小芳，把你的笔记翻给老师看看。”小芳翻着自己的笔记，我便称赞道：“这是多么宝贵的知识啊，是用钱买不到的。如果让你把这么宝贵的笔记送给你最好的朋友，你愿意吗？”小芳点点头，高兴地说：“老师，我打算送给小玲！”我接着说道：“是啊，小芳，好朋友之间就应该这样互相帮助，共同进步。我相信小玲在你的帮助下，成绩肯定会进步的。老师建议你把便条笔记送给小玲的同时还要把笔记中重要的内容再次给小玲梳理下，这样小玲记忆会更加深刻。”“好的，老师，我会努力的！”小芳信誓旦旦地说着。

2. 为小玲“大抄”——单元思维导图

小芳和小玲高兴地跑到我面前，手里拿着一份笔记递给我：“老师，你看！”我接过笔记，是一份详尽的单元重点内容的思维导图。思维导图里每一条展开的思维线重难点清晰，而且有攻破重难点的方法。我竖起大拇指，给两位小伙伴点赞：“说说你们做的思维导图吧。小玲，你来说说，好吗？”“老师，你看思维导图共分为词语线、课文线、重点句子线，你看这条词语线，这个单元词语共有 36 个，下一级解释‘滂沱’这个词语的意思。这个词语比较难理解，通过查字典知道它是形容雨下得很大的意思。再下一级还附加解释词语的方法：在解释词语时可以用上‘形容……的意思’。这样词语线的思维导图就完整了。再看思维导图的课文线……”小玲仔细地说着她和小芳一起创作的单元思维导图。在她的诉说中，我能感受到，她已经把这单元的重难点都掌握了。

“两个好朋友说说，从做笔记到做思维导图，有什么感受呢？小芳你先说说。”我指名让小芳先说。“老师，我觉得做思维导图特别有利于单元复习，我和小玲会继续做每个单元的思维导图。”小芳说道。我继续追问道：“那你觉得，好朋友应该怎样互相帮助呢？”小芳有些害羞，但还是回答我的问题：“老师，我觉得好朋友应该在学习上互相帮助，在好朋友不明白的地方给予帮助，而不是……”未等小芳说完，我便打断了，有些事情点破不说破，便是最好的解决方法。

3. 为全班“小玲”——“好朋友档案”改造计划

随着年级的升高，班级肯定存在各门学科的“小玲”，因此，我利用班会课将小芳和小玲好好表扬了一番。“小芳、小玲，请你们上台。听说你们两位是好朋友，对吗？你们两个人能说说，你们在生活中和学习中是怎样互相帮助的吗？”经验之谈出自经历者之口，更加有说服力。小玲率先谈起了自己的感受：“你们看，这是小芳在上课时为我做的语文便条笔记，看了这一张张便条笔记我真的非常感动，更让我感动的是小芳不厌其烦地教我如何做思维导图，帮助我梳理一个单元的知识，这样我对这个单元学什么就有了整体的认识，所以我写作业和考试就不怕答不出来了。感谢我的好朋友小芳。”小玲说着说着便红着眼拥抱小芳。“其实也没有，我觉得好朋友之间应该互相帮忙，而不是把写好的作业给好朋友抄，这样贪得一时的小便宜，没有真正学到本领，我觉得这样不是真正的好朋友！”小芳再一次把头低了下去。

我顺势再次展示她们的思维导图，鼓励地说道：“好朋友就应该像小芳和小玲一样，互相帮助，共同进步！孩子们，你们都有自己的好朋友，来让我们写写好朋友的优点和缺点，让我们一起努力发挥自己最大的能力让好朋友扬长避短。”说完，我便发下了一张“好朋友档案”，里面涉及了好朋友的优点、缺点，发挥优点的办法和改正缺点的办法，鼓励孩子们用一个月的时间根据“好朋友档案”进行改造计划，让自己的好朋友因自己而变得更加完美！

# 第20招　我讨厌“科学老师”

## 故事在线

“小王，你给我站起来！”科学老师大声呵斥着小王。“我凭什么要站起来？又不是我的错！”小王顶撞着科学老师。“你把脚都伸进前桌的凳子下了，还在那里摇晃，不是你还有谁？”科学老师更加生气地说。“你冤枉我了，我没有，我没有！”小王边说边流着眼泪冲出了教室。

“连老师，你快来，小王又和科学老师吵架了，小王一个人跑出去了，你快来啊！”班长上气不接下气地跑到办公室朝我报告情况。“快快快，走！”我边说边跑向教室，万幸在楼梯口碰到了小王。“小王，先消消气，缓一缓，咱们在这里先坐一会儿，我们都先休息一会儿！”我拽着小王的手臂，六年级的男孩，个子比我高，力气比我大，我硬把小王拉到身边。“我们一起坐一会儿，班长先去上课！”我和小王一起坐到楼梯的台阶上，班长也跑回了教室上课。

我们俩谁也没有开口说话，看得出小王心中有一把怒火。他一只手紧握成拳头，另一只手摩着拳头，眉头紧锁着，牙口紧闭着。看着无法发泄的怒火很快就要燃爆，我率先开口了：“小王，我知道你心里难过，我带你去一个地方。”“我不去！”小王恶狠狠地回话。“跟我走吧，一定是个好地方啦！”我起身拽着小王，边拽边走，来到了学校的教工之家。教工之家有一个拳击沙袋，平时让老师们减压用的。“小王，来试一试。”我把拳击手套递给小王，并把手套套在小王的手上，自己也套了一双。“来，小王，来一拳，咱们把心中的不爽都给打出来，怎么样？”这一下子就激起了小王压在心中的怒火。小王挥舞着拳击手重重地打在沙袋上，嘴里谩骂着：“什么狗屁老师，竟然冤枉我！”我也挥舞了一拳：“就是，冤枉人就是不对。”小王继续挥舞着拳击手：“还不听我解释，老子我不解释了！”“我知道你现在心中很愤怒，来吧，多打几拳。”小王继续打着拳击，“啊——啊——啊啊——”

## 故事分析

小王是独生子，在家里骄纵惯了，家里的爷爷奶奶、爸爸妈妈都宠爱着他、迁就着他。遇到事情，小王喜欢“解释”给他们听，最后爷爷奶奶、爸爸妈妈接纳孩子的一番“解释”。因此，小王在课堂上也希望自己有机会“解释”给大家听，而且小王还是个“死心眼”的孩子，他认为对就是对，错就是错，中间不能有“灰色地带”。

六年级的孩子处于人生的第三个叛逆期，即“青春叛逆期”。前两个叛逆期分别在 2~3 岁时称为“宝宝叛逆期”，7~9 岁则来到人生第二个叛逆期，称为“儿童叛逆期”。

青春期的孩子不仅身体出现一些变化，在生长发育过程中身体出现了激素代谢不均衡，导致心理上也会出现一些变化。青春期叛逆是步入青春期孩子典型的表现之一，往往有这些表现：（1）不喜欢听取别人的意见，甚至会大声反驳别人的意见和看法，往往会坚持己见，以此来表达自己的主观和独立意识。（2）不喜欢按照别人说的去做，对于大人提出的要求会不假思索地抵抗。（3）认为绝大多数规章制度都是不合理的，应该修改甚至彻底废除。（4）如果大人再三叮嘱同一件事会使他感到反感甚至厌烦，出现过激行为。（5）对于那些与老师对着干的同学大加赞赏，嘲笑甚至讥讽那些成绩优秀或进步的同学。（6）一旦决定做某件事，不管别人怎么劝阻也不会改变主意；越是不让他做的事，就越要去做。反正就是和你“对着干”。青春期叛逆，也标志着孩子从幼稚走向成熟，从“一张白纸”走向“绚烂多彩”的人生过程。在这个过程中，孩子会逐渐建立自己独特的个性、成就一个完整的自我。

面对刚步入青春期的小王，他的情绪与做法应该“宜疏不宜堵”。

## 锦囊妙计

1. 认同孩子的感受

等到小王发泄完怒火，我凑上去轻声问道：“好点了吗？先喝瓶水。”我把矿泉水递给小王，小王接过矿泉水，大口大口地喝着。“那我们聊一聊，好吗？”我拉着小王坐到了沙发上。“老师冤枉你了，是吗？”我轻抚着小王的肩膀。“她冤枉我了，根本不是我踢前桌，是前桌先踢我，我才反击，结果被老师看到了。前桌学习成绩好，老师不批评她，只批评我。”小王说着事情的经过，情绪缓和多了。“发生这样的事情，如果我是你，也会和你一样愤怒，那么我需要做什么才能帮到你呢？”我接着说道。小王没有出声，但从小王的表情反馈中，他已经没有刚才那种愤怒。

站在孩子的角度，认同孩子的感受，将不良情绪抒发出来，才能解开心里的千千结。

2. 接纳孩子的情感

我认真倾听小王描述的事情经过后，试着接纳他的情感并发现他的需求：“老师说你踢前桌，让你很生气吧？因为你觉得是前桌先踢你，你才反击的。对吗？”小王点点头。“可老师为什么只批评你，不批评你的前桌呢？真的是因为前桌的成绩更好吗？”我假装不解地问。小王“是”字刚说出口，又挠挠后脑勺，想了一会儿，说：“前桌的脚在凳子下面，动作小，科学老师可能没看见，只看见我踢前桌，所以只批评我……”我立即伸出大拇指：“你是个会分析问题的孩子！”稍做停顿，我又柔声问：“你觉得前桌是故意踢你的吗？她平时跟别人闹过矛盾没有？”事实上，小王的前桌是个非常自律的女孩，从来没有和同学闹过矛盾。“可能……不是故意的吧！我……我没看见她跟别人吵过架。”小王分析道。

在认真倾听小王叙述事情经过后，我按照小王的描述重述经过并再次表扬他：“你是个会思考、有想法的孩子，找到了事情的根源。”听到我的肯定和夸奖，小王不好意思地低着头说：“我……做得也不对，不该在课堂上跟老师大声吵闹，更不该跑出教室。”

此时，小王感觉自己的情感需求得到了满足，感到自己被尊重，情绪慢慢平复了下来，开始理性地思考问题，也就从心底真正意识到了自己的错误。

3. 引领孩子换位思考

为了帮助小王拓展认知思维和内在体验，我又引领他换位思考：“假如你是老师，正在绘声绘色地讲课，却突然看到某个学生不认真听讲，用脚使劲踢别人，你心里会怎么想呢？”小王很快回答道：“那我会很生气。”这时他开始体会到科学老师的愤怒。“能具体说说你对这件事的感受吗？”我继续追问着。小王低下头，摸着自己手中的水杯，不好意思地说：“我……我不该在课堂上踢前桌，更不该……和老师争吵，影响同学们上课，不该给同学们造成坏的影响……”我竖起大拇指，第三次表扬小王：“勇于承认错误，是个好孩子！承认错误，是改正错误的前提！”

其实，在教育过程中，我们不仅要接纳孩子的情绪，还要在接纳孩子情绪的同时，教会孩子正确地表达情绪。这既是走进孩子内心、帮助他们处理情绪的重要途径，也是引导孩子矫正不良行为的正确方法之一。

4. 引导孩子的行为

当孩子认识到自己的过错并承担行为后果时，我们还要与孩子共情、安慰和鼓励他。接下来，我又问道："从今天这件事中你学到了什么呢？"他态度诚恳地说："以后我上课认真听讲，前桌再把脚乱伸，我就原谅她，下课再提醒她；不乱发脾气，遇到事情课下找老师解决。"

最后小王主动要求在全班同学面前向科学老师和前桌道歉。他的诚恳道歉取得了她们的谅解——科学老师表示自己太过急躁，前桌也承认不该先踢小王。

之后，就师生如何有效沟通，我与科学老师进行了交流。此外，我还多次跟小王父母联系，叮嘱他们不要溺爱孩子，要尝试走进孩子心里，学会倾听孩子的心声，青春期的孩子更需要父母的支持。

# 第21招　“我”不会讲故事

## ——想一个“大胆表达”的点子

### 故事在线

全班孩子在读完《笨狼的故事》这一套书后，在最后一节阅读交流课上，我让孩子们浏览这套书的目录，并引导孩子们：“看看目录，你觉得哪个故事最有趣？”孩子们踊跃发言：“老师，我觉得《奶油淋浴》最好玩。”“老师，我觉得《孵太阳》最好玩。”……孩子们意犹未尽地说着，我又接着问：“孩子们，故事怎么有趣了呢？你能先和同桌分享书中的故事吗？”同桌两人互相交流着，教室里瞬间都是孩子们“叽里呱啦”的声音，我却觉得这声音异常美妙，接着又请孩子们在全班面前交流最有趣的故事。

“孩子们，你们觉得这个故事哪里有趣，让你想继续读下去呢？”我故意疑惑地追问着孩子们。“老师，我是看题目的，题目有意思，我就会继续读下去，题目没有意思我就会跳过去。”“老师，我也一样，看题目。”“是啊，看来文章的题目非常重要。现在咱们当小小汤素兰，也来创作一篇‘笨狼的故事’，好吗？”“太好了！”孩子们异口同声地回答着。

“那我们从取题目开始吧。不着急，同学们都先想想怎样的题目才会吸引人，等会儿我们来交流。”小孩子的模仿能力超强，一会儿小脑袋瓜里就蹦出了很多想法：笨狼去太空、笨狼与哈巴狗、苹果树上摘香蕉……我顺势引导孩子们回家自己当小作家，把这个故事写一写。周一返校，孩子们果然带来了大大的惊喜，每个人手上的“故事册”写着满满当当的字，画着精致的插图。

周一的第一节课开始了“笨狼故事会”的交流活动，孩子们兴致高昂，在座位上跃跃欲试，都想着在同学面前露一手。按顺序轮到了小红，只见小红在位置上坐立不安，低着头，两只手紧紧地互握着，我能感觉到她此时很紧张。小红这孩子平时比较内向，不太喜欢说话，但是学习成绩稳定，下课时也会和同学打打闹闹，就是不愿意上台发言。我走到小红的位置，蹲下身，轻轻地拉起小红的双手：“小红，怎么啦？”小红双眼看着我，一声不发，她应该是害怕被我批评。“小红，老师看了你的故事，写得特别棒，你能和同学分享吗？”此时，小红轻声地说：“老师，我不会讲故事。”我想此时此刻，小红的内心是抗拒的，再多安慰的话也抚平不了小红内心的不安，因此，跳过了小红，下一位同学继续讲“笨狼的故事”。

下课后，看到小红再次拿出了自己写的“笨狼的故事”，前后桌的同学便围着小红。“给我们读读你的故事呗！”“是啊，读读呗！”小红饶有兴致地读起了她的作品，原来她不是不会讲故事，只是不敢在台上讲故事。

## 故事分析

在低年级的课堂，上台表演、分角色表演、配乐朗读或者模仿做动作等，都是孩子们非常喜欢的形式，这也是低段课堂为什么课堂气氛活跃的原因。低段孩子注意力持续的时间不长，所以课堂上要用更多“花样”吸引孩子们的注意力。

《笨狼的故事》是这段时间班级里进行集体阅读的课外读本，孩子们都非常喜欢阅读，因此在最后一节交流课时我引导学生尝试创作。二年级的孩子想象天马行空，创作的内容也是异常有趣。

低段的孩子在课堂上有极大的表现欲。因此，低段孩子们在课堂上举手发言是非常积极的。但不免也有一些性格比较内向的孩子，在课堂上不愿意发言，不愿意表达自己，而这样内向的孩子通常课后也比较内向。但是小红在课堂上不愿意在全班面前表现，课下却可以津津有味地将故事讲给同学听，说明小红也有同龄人的“表现欲”。那为什么她会抑制自己的“表现欲”呢？为什么课上课下的性格反差会那么大呢？

## 锦囊妙计

1.鼓励开口讲：不会讲故事

一般，老师鼓励孩子，孩子多少会尝试着迈出一步。而鼓励在小红身上并不起效。

中午静校时，我把小红叫到了办公室，询问了小红在上课时为什么不愿意上台分享，小红依然坚持说是自己不会讲故事。看来从小红身上是无法找到突破口的，只能从小红的家长身上寻找原因。我随即联系了小红的家长：“小红妈妈，小红的成绩非常不错，孩子也非常听话，就是有些内向，但是在下课的时候，她和同学也玩得非常好，很受同学们的欢迎，这是怎么回事呢？”小红妈妈似乎有什么难言之隐，只是敷衍地回答：“这样啊，我回家问问小红，谢谢老师！”我继续追问：“今天我们分享《笨狼的故事》，小红写的文章特别精彩，轮到她上台时，小红怎么也不愿意上台。”得到的又是一句：“这样啊，我回家问问，谢谢老师！”看来，电话里得不到我想要的答案了，我决定到小红家家访。

2. 家访找原因：还是不会讲故事

第二天放学后，我送小红回家，顺便去小红家家访。来到小红家，一阵书香气扑面而来，家里各类物品摆放得整整齐齐。来到客厅时，发现客厅没有电视机，客厅四周全是书籍，这样富有书香气息的家庭教养出了小红这样文静的孩子。今天接待我的是小红的爸爸，我将小红在学校与同学相处的照片找了出来，发给小红爸爸看：“小红爸爸，你看，小红平时是个多么活泼的孩子啊！”支开小红到房间，我继续说道：“就是上课不爱发言，其他的都非常好！”似乎小红的爸爸也有难言之隐，我继续说着，“我作为小红的老师，心情和您是一样的。作为小红的领路人，我们都想小红能变得更加开朗、更加活泼！”小红爸爸这时似乎被触动了，话匣子也打开了：“小红在幼儿园中班的时候，有一次讲故事比赛，我们也是陪着练习了很久，上台后不知道是紧张还是其他原因，竟然在台上一句话也讲不出来，台下的小朋友就起哄了，说着‘不会讲故事还上台，赶快下来吧’这样的话语，后来小红下台后就扑进了我们的怀里一直哭。可能没为班级争光，当天下午估计幼儿园老师也说了小红，这是我听小红回家跟我们讲的。我们也是一直安慰她，以为是小孩子嘛，过去了也就过去了。后来，小红对上台特别抗拒，怎么也不愿意上台。”原来是这个原因啊，谜底终于解开了，小时候一次不愉快的经历给小红留下了心理阴影，看来“心病还是要心药医”啊。

3. 陪练增自信：会讲故事了

很快轮到我们班级承办学校的主题晨会，需要每一个小朋友都上台表演。我知道小红怯场，事先就把小红叫到办公室，让她自己挑选节目进行表演。小红挑选了一个为跳舞同学拿背景布的任务。活动当天，我特地将手机对准小红录像，她在台上是那样的镇定自若。活动结束后，我将视频在班里播放，并表扬了小红："同学们，你们看，小红的表演多棒啊！无论台上如何舞蹈，小红镇定自若的神情给了跳舞同学最大的鼓励，让我们把掌声送给小红。"收到掌声，小红的脸上露出了微微的笑容。

还有一次是班级合唱比赛，我特意把小红的位置排在合唱团的第一排，小红的表演是第一排孩子中最棒的。回到班级，我又回放合唱比赛的视频，再次表扬了小红。有了两次上台的经历，小红似乎慢慢放开了！

这一次是一个主持人的任务，我决定再次启用小红担当重任。我把小红叫到办公室："小红，老师看你上台表演时特别棒，老师非常信任你，相信你能圆满完成每一次的任务。接下来学校里有一个讲故事比赛，老师推荐你去当主持人，你觉得可以吗？""不不不，老师，我真的不行。""是当主持人又不是讲故事，是可以看着手上的手卡念词的，不用背诵也不用担心会忘词，你只要照着念就行了！"我看小红还是很紧张，接着说道，"你要是担心，老师陪着你练习主持稿，行吗？"小红似乎很为难的样子："老师，我想回家和爸爸妈妈商量一下。""行，没问题的，老师等你的好消息啊！"马上，我给小红的爸爸打了电话，把事情的原委告知了小红的爸爸，希望晚上回家，小红的父母能给小红多些鼓励。

第二天，小红来到了办公室找到我："老师，让我试试看！"我太高兴了，小红终于迈出了第一步。接下来的每一天放学，我都把小红叫到办公室，陪着小红逐字逐句地练习主持稿，带着小红熟悉讲故事的场地，指导小红上下台的仪态……讲故事比赛当天，小红的爸爸妈妈都来到了现场，小红穿着酒红色的裙子，化着精致的妆容，我第一次觉得这个小女孩真漂亮！比赛开始了，看得出小红还是有些许紧张，我走到小红身边，轻声说道："我们上下台练习了这么多次，你就当作平时的练习，不怕！如果真的感到紧张，试着让自己深呼吸。"小红试着深吸了两口气，就上台了！在台上，小红口齿清晰，落落大方，赢得了台下观众的掌声。站在我身边的小红父母，热泪盈眶，他们的内心是无法用言语来形容的。

和小红一起克服上台恐惧经历了长长的两个月，接下来我想让小红参加讲故事比赛，继续攻克恐惧心理，让她彻底建立上台自信。

小红只是个例，但是还有多少个例子被埋没。一个孩子出现与往常情况的反差，肯定是有原因的，只有究其原因，才能克服它、战胜它。老师在孩子生命中扮演着至关重要的角色，有时你的一个赞许的眼神，能让孩子信心倍增；有时你的一句无意的话语，也能让孩子深深记住。我想身为人师，应多些赞许、多些温柔、多些耐心，善待每一个如花的生命。对待小红是如此，对待其他孩子亦是如此。

# 第22招 “诚信水立方”的诚信守护者
## ——想一个“守护诚信”的点子

### 故事在线

天气渐渐热了，有些“小马虎”不免会忘记带水杯，学校为了解决孩子夏天没水喝的问题，特地设置了“诚信水立方”。在大队部的门口，摆放着矿泉水，矿泉水旁放置一个储蓄罐，并且留言：“一元一瓶，自觉投币。”据大队部每周的反馈，“诚信水立方”的每周诚信值达到了100%，说明孩子们在取矿泉水时都能遵守“一元一瓶，自觉投币”的规则。可是，在“诚信水立方”设立后的第五周，大队部再次反馈本周的诚信值只有98%，说明50瓶水只收到了49元钱，有1瓶水学生没有投币。之后几周的诚信值连续走低96%、94%，说明一直有学生拿了水之后没有给钱，大队部希望我们班主任老师回到教室后能帮忙查一查。

来到班级后，我也只是带着猜疑的口吻询问孩子：“孩子们，现在你们要成为大侦探了，‘诚信水立方’矿泉水失窃了，至今找不到拿了水立方的水不给钱的人。你们都帮我找找，好吗？如果喝水不给钱的小朋友在我们班，只要下课主动找老师承认，老师保证不批评，也不告诉任何人。”

一扫全班孩子稚气的脸，真看不出哪位才是“喝水不给钱”的小朋友。

后来才知，这位“自取不留钱”的孩子竟是我们班的小张。

## 故事分析

小张的家庭比较特殊，平时的生活起居由奶奶照料。奶奶除了给小张温饱外，其他的家庭教育几乎是没有的。老人家没什么收入，生活过得比较拮据。

马斯洛需求层次理论认为，一个人最低层次的需求是生理需求，需要获得“呼吸、食物、水、睡眠、生理平衡、分泌、性”。对于小张来说，最低层次的需求都获得不了，中国的俗话说“狗急了会跳墙，兔子急了会咬人”，酷暑难耐，刚好“诚信水立方”又有水，先拿一瓶解决生理需求，这也在情理之中。但是从道德层面来讲，大队部已经明确规定“一元一瓶，自觉投币”，拿了水没有投币就是违反了大队部的诚信规定，是不诚信的表现。

炎热的夏天，班级其他孩子都有属于自己的水杯，而小张没有，如果我早点发现小张的需求，给他买一个水杯，那么小张也不会因为口渴难耐去“诚信水立方”拿矿泉水喝了。

## 锦囊妙计

1.一张纸条，迟来的诚信

下午，我走进办公室，办公桌上的矿泉水那么刺眼，是谁把矿泉水放在我的桌子上呢？走近一看，还有一张纸条，上面写着“老师，对不起，矿泉水是我拿来喝的，我保证以后一定不会再拿了，请老师相信我！——

小张”。原来是小张。

放学后，我把小张叫到了办公室。小张缩着身体，不敢抬头看我，一副非常害怕的样子。我打趣地说：“小张，老师有这么凶吗？让你害怕成这样。”见我开玩笑似的说着，小张稍微放松了警惕。但是我又很严肃地告诉小张：“小张，拿水不给钱这是不诚实的表现，跟老师说说为什么拿水不给钱呢？”小张不敢讲，一直低着头。我接着说道：“虽然老师很生气，但是看在你主动认错的份上，老师的气已经消了一大半了，好好跟老师说说，老师不批评你。”这时，小张才慢慢抬起头，带着哭腔说着：“老师，我让奶奶给我买一个水杯，可是奶奶就是不给我买，说自己没有钱。每次体育课后，我都非常口渴，我向同学借水喝，同学说不卫生，不借给我。我有时候只能凑着水龙头喝几口，有时候就这样口渴着。老师，我真的很口渴！”“呜呜呜……”小张哭得更加委屈了。

2. 一次行动，找回诚信

我故作生气地继续说着：“那你为什么拿水立方的水呢？到底拿了几瓶？”“老师，我一共拿了两瓶，今天是第二瓶。上周一体育课结束后，我看水立方没人管理就偷偷拿了一瓶，矿泉水瓶里的水喝完了，我就当作水杯继续使用。可是没想到，奶奶看到我的空矿泉水瓶竟然拿走了，说卖了值几分钱。我又没有水杯了，所以今天我拿了第二瓶。老师，我就只拿了两瓶，请你相信我，不要抓我去派出所，我害怕。”小张紧张地解释道。

听着小张说这些话，我心里极其难受，稳稳情绪继续对小张说：“但是做错事情必须承担责任啊！我们要做一个负责任的人。你自己想想，该怎么办才好呢？”“老师，我知道错了，但是我没有钱去还矿泉水的钱。我真的不知道该怎么办。”小张再次因为害怕哭起来。“小张，这两瓶矿泉水的钱，老师帮你还上，但是接下来你要成为‘诚信水立方’的守护者，让‘诚信水立方’继续诚信下去，你能做到吗？”“嗯嗯，我能做到。”小张使劲点点头。“每节课下课后，你要第一时间赶到‘诚信水立方’，帮忙摆好桌子上的水，同时提醒其他同学拿水时要自觉投币，能做到吗？”“老师，我一定做到。”小张语气更加坚定地说着。

3. 一份坚持，守护诚信

从第二天起，小张信守诺言，真的一下课就到水立方帮忙摆放矿泉水和提醒同学自觉投币。其间，他偶尔懒惰被我提醒之后又继续去守护着水立方，诚信守护者一干就是一学期。大队辅导员知道事情的来龙去脉，平时对小张的工作既没有表扬也没有批评，毕竟是为自己做过的错事负责，但是一干就是一学期，大队辅导员也被感动了。大队辅导员在全校大会上对小张进行了表扬，还颁发了“诚信守护者”的奖状。

因为这件事情，给小张带来的是翻天覆地的变化。小张变得开朗多了，成绩也在慢慢提高。在一次题为“老师，我想对你说”的作文中，我听到了小张的心里话：“老师，我想对你说，谢谢你给了我一次重新做人的机会，如果不是你，我可能跟我爸爸一样，待在阴森的铁墙里，失去自由；老师，我想对你说，谢谢你的两块钱，因为两块钱，让我感觉我还清了身上所有的债，我长大了肯定要还你很多很多钱；老师，我想对你说，谢谢你的拥抱，你的拥抱那么温暖，这种温暖的感觉我已经很久很久没有感受到了。老师，真心谢谢你。我以后会更加努力，报答奶奶对我的养育之恩，报答老师对我的关怀之恩。”字里行间流露的不是这个年龄段孩子该有的成熟，看完后，我内心既高兴又难过。

我继续守护小张的内心，让小张继续守护水立方的“诚信”，让“诚信水立方”给予小张更多的力量，让他一直勇敢地生活下去。

都说“穷人家的孩子早当家”，从这件事中我感受到小张比起同龄的孩子更加成熟。他知道自己的情况，所以会努力克服不良环境，让自己变得更好。在成长的过程中，不免犯一些小错误，但是“金无足赤，人无完人”，谁不会犯错呢？

“在哪里摔倒就要在哪里爬起来”，虽然是迫于无奈地拿水不给钱，但还是犯下了“不诚信”的错误。知道错在哪里还不够，还要知道如何去改正。让小张还两块钱，除了向奶奶要钱外小张是别无他法的，小张奶奶连一个空矿泉水瓶都要拿去卖了换钱的人，肯定不会给小张钱，最后会落得小张再挨一顿骂。而且事件扩大后，人人都知道小张是个不诚实的孩子，加上家庭环境让大家对小张有看法，对小张的成长是非常不利的。而对于一个有经济能力的老师来说，这算得了什么？也许这两块钱换来的是小张的感恩，转而是小张的成长，事实确实如此。

让不诚信者变成诚信的守护者一直诚信下去。小张知道自己犯的错误，更加想弥补自己的错误，才会坚持下去。最感动的是大队辅导员，经过沟通愿意在全校大会上表扬小张并颁发奖状给他。公开表扬，这对小张来说是莫大的鼓舞，我想这是小张一生都难忘的。小张何曾想过自己会得到大队辅导员的表扬，成为全校同学的榜样呢？从那一刻起，小张在他优秀的道路上慢慢变化着……

# 第23招　一元生存大挑战

## 故事在线

“老师，我们家小华说学校要求买平衡车，对吗？”小华妈妈给我打来了电话。

“小华妈妈，没有这回事啊！是不是弄错了？”我疑惑地回答道。

“小华信誓旦旦地说，一定要平衡车，而且说运动会开幕表演要用到，说得特别真实。我想学校真有需要，我们也给小华买，所以打电话给您求证下。”小华妈妈继续说道。

“运动会开幕式需要表演是对的，但是没有说要表演平衡车，只是昨天我们在班会课上调查过有多少人家里有平衡车，没说要买平衡车，肯定是小华意思理解错了，你到时候再问问小华是怎么回事。”我继续解释道。

“老师，我回家问小华了，他说班级里小林有平衡车，小胡有平衡车，还有谁也有平衡车，我记不清名字了，大概6个人有，他也想要平衡车，怕我不给他买，所以就撒谎说学校运动会开幕式需要平衡车表演。我已经批评教育过了，如果真的想要，可以光明正大和我们说，不能说谎。”小华妈妈再次打来电话。

“好的，小华妈妈，我知道了，我到班级里也教育一下，不能因为想要一件东西而撒谎，这样的做法是错误的。谢谢你给我提供教育孩子的契机。”我感谢过后挂断了电话。

“小胡，你脚上的鞋子很漂亮啊！多少钱啊？”看到小胡脚上的某品牌鞋子，我好奇地问道。

“老师，没几块钱啦！就是一双普通的鞋子。”小胡害羞地答道，我也不再追问。

回到教室，我惊奇地发现，班级好多男生脚上穿的竟然都是和小胡一样的鞋子，这双鞋子如此受欢迎，一定有它的原因。我偷偷拿起手机拍下孩子们穿的鞋子，下课后在网上搜了一下这双鞋子的价格。“天哪，1568元。”我不禁低声喊着。网上都是这样的价格，如果在实体店买那不是更高？这些孩子，父母一个月的工资几千块钱，买一双那么贵的鞋子花去家里收入的四分之一，实在是不懂事。

“小胡，鞋子很帅气，跟老师说说这鞋子有什么特异功能。”我把小胡叫到了办公室，想一探究竟，这鞋子到底哪里吸引男孩子们。

小胡倒是得意，马上把鞋子脱下来，眉飞色舞地介绍起他的鞋子：“老师，你知道吗？这鞋子下面装着一对轮子，如果你走路走累了，可以把脚往后一蹬，这轮子就弹出来，然后就可以开始‘暴走’，人称‘暴走鞋’。如果你不想用轮子滑行，那么稍稍用力踩一踩，轮子就会缩回去，又可以照常穿这双鞋子，特别是打球，这鞋子的尾部装有气垫，助扣篮一臂之力。”“那我们班谁先买了这种鞋子啊？”我追问道。“小林啊，他先买的。他买了后在我们男同学中间介绍这种鞋子。后来我们就跟着一起买了，还约定打球都穿这种鞋子，要不然就不公平了。”一石激起千层浪，这种鞋子还成了打篮球的“入场券”了！

## 故事分析

随着家庭经济水平的提高，只要是孩子不太过分的要求，父母一般都不会拒绝。衣服要买名牌的，鞋子要买名牌的，别人家孩子想吃什么我们家孩子也吃什么，别人家孩子玩什么我们家也要有……父母总想给孩子最好的，不想孩子输在“起跑线”上，更不想孩子在同伴面前“丢脸”。

五年级的孩子自我意识慢慢萌芽，基本能区分“美与丑”“要与不要”，因此攀比的心理也慢慢萌发。那么“攀比”好吗？我觉得要辩证看待这个问题，如果以故事中的两个案例为例，显然这种攀比停留在“物质层面”，是不可取的。看到别人买了新东西，自己也想要，小学生没有经济能力，只能向父母索要。父母满足了孩子的物质要求，孩子喜笑颜开，但增加了家庭负担。如果父母满足不了孩子的物质要求，亲子间起了冲撞，严重影响亲子间的关系。如果攀比心理严重，会让孩子变得没有主见，跟在别人的身后跑，到头来只能让自己迷失方向，迷失自己，不仅浪费自己的时间，还会浪费家里的金钱，分散精力，影响自己的学习。一旦攀比心理没有得到满足，心里常常会感到十分自卑，甚至抬不起头来，严重的还会产生一系列负面情绪，例如嫉妒、仇恨、感到不公平，这些情绪都会影响人生发展。所以攀比心理在萌芽的阶段就要“熄灭”。

不满足于现状，不甘落后于他人而想追求拥有甚至超越他人的心理意识，在特定的情况下能起到积极的促进作用。比如在学习上要赶超班级的优秀生，因为攀比心理的驱使激发起学生的好胜心，在短时间内会看到有一定的进步，攀比心理维持的时间越长，进步的空间越大。

但是五年级的孩子，学习内驱力不够，因此在攀比的范围里，孩子更喜欢在物质方面进行攀比，而孩子们不明白父母赚钱的辛苦，只是一味觉得父母没有满足他的要求。因此，需要让孩子了解父母赚钱不容易。

## 锦囊妙计

1.提出要求

“孩子们，周六我们玩一个挑战游戏，敢不敢？”一听说是挑战，孩子们兴奋不已。“没有问题，不就是个挑战游戏吗？老师尽管放马过来。”班级最积极的小胡在座位上回答道。“其他同学敢不敢？”此时，全班男同学被激起了好胜欲望，异口同声地说：“没问题！来吧！”接着我宣布了挑战的规则：“你们的启动资金是一元钱，利用这一元钱解决自己的午饭，并赚回100元钱，活动范围就在学校附近的商务中心广场。至于你怎么赚回100元钱并且解决自己的午餐，由你们自己想办法！”“老师，你太小看我们了，不就是赚100元钱吗？我向我父母要过来就是啦！”小胡接嘴道。“那可不行，既然决定参加挑战游戏，必须遵守挑战游戏的规则，否则犯规出局！”小胡看我一本正经地说着，没有再往下说了！

2.挑战失败

“孩子们，一人一元钱，把钱都收好了！”我把事先准备好的一元硬币分发给孩子们。“家长们就是孩子们的跟拍摄影师，记录孩子们这一天的生活。如果觉得一直跟拍很累的话，同样的活动方式可以录制一部分，不用全部记录。如果孩子们组队挑战的话，家长们可以轮流跟拍，主要看孩子们的决定。”我对参加挑战活动的孩子与家长说道。

集体出发来到了商务中心，小华和小胡两人组队开启了他们的挑战之旅。“我们两个人只有两元钱，午饭肯定解决不了，更别说要赚回200元了。你说怎么办呢？”小华丧气地说着。“要不然我们去商店问问，我们帮忙干活，请老板帮忙解决我们的午饭，你觉得怎么样？”小胡脑子转得快，连忙提出了自己的想法。他们俩走到了快餐店，上前礼貌地问着老板娘：“阿姨，你好！我们在参加一个挑战比赛，用1元的费用解决自己的午餐还要赚回100元钱。阿姨，我们能在店里帮忙吗？”快餐店老板娘看小孩子玩游戏，爽快地答应了：“那行，你们会干什么呢？”“我们啥都会干，请放心交给我们吧！”小华接上去说道。“那行，你们把这些芹菜的叶子摘了，再清洗干净，交给厨师。干完之后，再把中午要用到的餐盘洗了，这样你们能行吗？”小华和小胡走到后厨，看到一大捆芹菜和一堆餐盘，两个人互相看了看，说：“行！一定行！”现在是不行也得说行，这些餐盘一眼看过去大概有百十来个。“阿姨，那工资怎么算啊？”小胡还是会做生意的。“你们都完成了，包一顿中午饭，如果做得特别好，再加10元工资，你们觉得怎么样？”“好，就这么说定了！”两个人撸起袖子，一个摘芹菜，一个洗碗。小华擦擦额头的汗珠继续洗碗，小胡低头摘着芹菜叶，整整干了两个小时的活儿，两个人都累瘫了，坐在地上互相嘀咕着。吃过午饭也拿到了工资，但是距离两人的目标还有180元的差距。两个人又陷入了苦恼……

有些孩子10人组队，买了一些廉价的发夹，五角钱买进一元卖出；有些孩子找到了肯德基的工作当服务员，也只能包一顿饭，没有赚到钱；洗盘子的最多，讨价还价洗1个盘子1毛钱，洗100个盘子才十元……孩子们的点子五花八门，但都以体力为主。由于启动资金太少，孩子们都没有完成任务。

3. 整理感受

时间很快到了下午4点钟，孩子们和家长们回到学校的足球场上，家长和孩子们围坐在一起。先请家长把今天拍的视频给孩子们看。看着看着，有些孩子眼眶就湿润了，有些孩子指着镜头和家长诉说着挑战中的难事、趣事。“孩子们，谁来分享挑战后的感受呢？”我围着孩子们走了一圈，想请孩子们分享自己的心得。小胡举起了手：“老师，我来吧！我们今天去了快餐厅，我洗碗小华择芹菜。我洗完碗之后，把手套摘下来时，手指全变白了，好像在水里泡过一样！”说着说着，小胡情绪低落了，“我觉得太辛苦了，就干了 2 个小时，我都有点想放弃了，但是为了中午饭和那一点工资，我和小华咬牙坚持下来了！”“小红，你来说说。”我没有评价小胡的感受，引导小红继续说。小红说道：“我觉得赚钱真的很不容易，我和小丽在肯德基一直擦桌子、送餐给顾客，刚开始的时候还觉得挺新鲜的，但是一直干 4 小时你就不会这么觉得了。太累了，太辛苦了！”……

“孩子们，你们把头转向足球场的大屏幕。”随着音乐大屏幕播放着他们父母平时劳作的照片，我动情地讲述着：“小胡的妈妈早出晚归，虽然坐在办公室办公，但是每天忙碌的工作连水都喝不上；小李的妈妈，顶着大太阳要上山摘杨梅、卖杨梅；小林父母开餐厅，买菜、洗菜、下厨是当厨师的爸爸每天的常态，厨房有多热，你体会过吗？招待客人的妈妈，招呼客人、擦桌子、洗碗……”孩子们听着听着，有的偷偷抹着眼泪，有的紧紧抱着父母。我接下去说道：“孩子们，为了你们能更加幸福地生活，父母再苦再累都不会在我们面前诉说，但是我们要懂得父母的付出。而我们还是小学生，只有脚踏实地，好好学习，才是对父母最好的报答。父母赚的每一分钱都是辛苦钱，不能乱用。”

一块钱的生存挑战失败，却赢来了孩子们对父母的体谅。

# 第24招　游戏，想说爱你也容易

## 故事在线

“小华，起立！”小华懒洋洋地从位置上站起来，一副没有睡醒的样子。我心里打着鼓，怎么一大早上课就没有精神呢？“小华，怎么啦？很想睡觉吗？”我忍不住还是问了小华。见我询问，小华马上来了精神，连声说：“没有，没有。”“那你要打起精神，认真听讲哦！坐下吧！”我示意小华坐下来。课上，我一直关注小华，看他的双眼，眼皮一直在打架，时不时自己摇摇头，估计是想让自己清醒些。

“你知道吗？小华这两天上课都在睡觉，不知道是怎么回事，以前不是这样的，上课是非常认真的。”数学老师上完课走进办公室径直来到了我面前，说着小华上课的情况。“好的，语文课也有睡觉的现象，我想这几天肯定发生了什么事情，我去调查下。”我朝着数学老师说了自己的疑惑。

随后我便给小华妈妈打了电话：“小华妈妈，这两天小华上课不自觉地就趴在位置上睡着了！有时候用双手托着下巴，眼皮一直打架。发生了什么事情吗？”小华妈妈着急地答复：“老师，没有啊！这两天他在家里表现都跟原来一样，没有什么异样啊！”“小华妈妈，这两天你先留意下，是不是发生了什么事情。”我接着说道。“好的，老师，谢谢你！我们保持联系！”小华妈妈挂断了电话。

中午，准备进教室午间管理，还未等我走进教室便透过窗户看到了一群人围着小华，而小华眉飞色舞地讲述着什么，其他围观的孩子聚精会神地听着，似乎小华讲的内容特别吸引人。静看了一会儿，我便走进教室，围观的学生见我进来了便迅速散开。“是什么有趣的事情可以吸引这么多男孩子呢？”我思索着，心中便有了答案——游戏，肯定是游戏，只有游戏才让男孩子们有聊不完的话题。孩子长大了，没有确凿的证据，无法和孩子说道理。我装作没看到继续午间管理，课后又给小华妈妈打去电话：“小华妈妈，你给小华买过手机或者平板电脑吗？”小华妈妈疑惑了：“手机没有，因为有网络学习，平板电脑家里有一个。老师，发生什么事情了？”“我怀疑小华上课睡觉，可能是熬夜打游戏的原因。小华现在都五年级了，直接戳破，我怕亲子间会起冲突。我想是不是你们先观察，有确凿的实证，小华就无法辩解了！”我接着说道。“好的，老师，我知道了！”

第二天，小华更加没有精神了，而且眼睛红红的，估计是发生了什么事情。课后，我把小华叫到了走廊的一角，轻声问道：“小华，你眼睛红红的，是不舒服吗？”“没……没有！”小华吞吞吐吐地说着。“从你表情当中，我感受到你很难受，如果你觉得老师值得信任，你可以跟老师讲讲。”我话音刚落，小华就忍不住“呜呜呜”地低声哭泣起来。我拍着小华的肩膀说着：“没事，哭一会儿！”小华边哭边说：“老师，我辛辛苦苦熬夜把‘王者荣耀’打到了铂金段位，昨天我妈妈发现我熬夜打游戏，把我的游戏全删了！”说完小华哭得更加伤心了！看来小华深陷网络游戏，虽然父母删除了游戏，但他并没有觉得自己错了。需要想办法改变小华的现状。

## 故事分析

随着科技的发展，电子产品在生活中运用得越来越普遍。有时候能看到一个小宝宝都拿着手机在那里划来划去，电子产品在生活中无处不在。电子游戏便是电子产品研发的重要产物之一，这说明市场有需求。而学生是电子游戏市场重要的客源之一，年纪小一点的小孩打单机游戏，年纪大一点的孩子打联机游戏。

孩子沉迷网络游戏的主要诱因是大多数网络游戏都设置了经验值增长和虚拟物品奖励功能，而这些主要靠长时间在线累计获得，因而导致部分孩子沉迷其中。小学生的自制力很差，游戏升级又持久，再加上小学生爱玩的天性，因此很容易对网络游戏上瘾。一旦上瘾，便很难戒除。

小学生自控能力比较差，又不善于取舍，不少小学生成了小“网虫”，沉溺于网上，将90%的课余时间用到网络游戏上，为网络所累不能自拔。他们往往因为所谓的升级，熬夜打游戏，影响第二天的学习，老师讲课时大都在打瞌睡，上课效果无法保证，影响学习的同时更影响身体健康。在身体上，小学生正处于快速发育时期，若长时间与电脑接触，不能保证充足的睡眠时间，危害视力，也会导致脊椎变形，身体的健康从而也受到威胁。

孩子想打游戏。如果禁止孩子完全不触碰电子产品，反而会引起孩子心理上的逆反。因此，适当适时地玩一会儿游戏，我是提倡的，但是玩游戏的底线要守住：不能打联机游戏，要在固定时间玩游戏。

## 锦囊妙计

1. 代替疗法1——陪伴

我再次拨通了小华妈妈的电话，请小华妈妈来学校一趟，聊聊小华的情况。小华妈妈迅速放下手头的事情赶到学校，非常生气地跟我说：“老师，昨天我和小华爸爸一夜没睡觉，我们就想看看小华晚上到底有没有熬夜打游戏。晚上9点之前也还都比较正常，他在自己房间写作业，但是

9点钟时就说自己作业写完了便关灯睡觉。我们以为他真的睡觉了，我们熬到了夜里12点，进入小华的房间，被子一掀开，小华躲在被窝里拿着平板电脑在玩。从晚上9点玩到12点，整整3个小时。小华爸爸一气之下把平板电脑砸了，游戏也没了。老师，你说气不气人，我们花了这么多心思在他身上，而他呢？”

“小华妈妈，先别生气。我觉得事情已经发生了，最重要的是要想办法把小华从网瘾中拉回来。我早上和小华聊了一下，小华还是没有认识到自己错了，心里一直心疼的是自己的游戏。”我和小华妈妈聊着早上与小华聊天的情况。

“老师，你说，怎么办呢？我们真的没有办法了！”

“我想先陪伴吧。不管出于什么原因，我想陪伴能让小华心里感到温暖，至少我们知道小华在做什么事情。晚上睡前可以和小华一起阅读，周末有空的时候一起出去旅游，尽量让小华的课余生活排得满一些。”

“好的，老师，我们一定试试。我和小华爸爸计划轮流陪伴。”

2. 代替疗法2——运动

班级的篮球小将们马上要参加五年级班际间的联赛，五年级一米七个头的小华是参加篮球赛的好苗子，我就把小华拉进了篮球队并委任小华为篮球队队长。没了游戏的寄托，小华打起篮球来异常专注。一场训练赛结束后，小华把全体队员召集起来开会，我在边上旁听，小华有模有样地指导着：“下一场比赛是对抗五（2）班，小金是五（2）班‘王牌’，所以我们要死死拦住小金。我个头比较高，我拦小金。小李、小胡当前锋，主攻得分。小林后卫，小张中卫。我们先这样分工，万一哪里漏防了，大家及时补位。”小华能说出篮球的专业术语，说明赛前他对篮球比赛是做过“功课”的。在小华的带领下，虽然班级两胜三负最终输掉了比赛，但是似乎让小华找到了代替游戏的方法。小华放学后会组织班级喜欢打篮球的孩子先打一场篮球再回家。

3. 代替疗法 3——创编游戏

学校要举办 Scratch 编程选拔赛。我拨通了小华妈妈的电话建议让小华课外学习 Scratch 编程。“一棍子打死”，不让小华打游戏，小华心里总是有些不甘心，我们只是用大人的权威压制他。打别人编辑的游戏还不如自己编游戏自己打，我把这个建议告知小华家长，由家长建议小华参加比赛，缓解亲子间的关系。小华妈妈确实听取了建议，将小华送到专业的编程培训班。小华对电脑感兴趣，很快上手，在市级编程比赛中获得了一等奖。“小华，编程好玩吗？”小华笑笑看着我，得意地说：“老师，要不要玩玩我编的游戏啊！”“是你编的游戏吗？了不起，我可以玩玩看哦！”说着小华给我写了游戏的域名，我接过后，对小华说道：“小华，你对计算机这么感兴趣，老师也觉得你很有天赋。我建议你看一本书《微软传奇缔造者》，讲述的是比尔·盖茨如何创设微软的故事，对你肯定有启发。”

成长的道路上磕磕碰碰是常有的事情，代替疗法在小华身上初见成效。希望小华找到成长的方向标，并为之努力！

# 第 25 招　为绿植找个“家”
## ——想一个“负责任”的点子

### 故事在线

“亲爱的小主人们，你们好！我们是天天陪伴你们成长的小绿植，你们马上就要放暑假了，我们从此以后没人管了。如果你们不管我们的话，我们可能因为没有阳光会枯死，我们可能因为没有水分会渴死，我们可能因为各种小蚜虫会病死……我们好可怜啊！我亲爱的小主人们，你们能带我回家吗？——你的好朋友绿植”一封来自班级绿植的求助信在 PPT（Power Point 的简称，中文名为幻灯片）上滚动播放着。

暑假即将来临，放在教室里的绿植该怎么处置呢？如果不管不顾，两个月后肯定要枯死，这样太可惜了！如果都搬到老师家里去养护，那也是不现实的事情。不如让孩子带回家去养护，但是不一定每位孩子都是负责任的主人。

## 故事分析

责任感是一种自觉主动地做好分内分外一切有益事情的精神状态。“某某，这一盆绿植你带回家。某某，这一盆绿植你带回家……”直接赋予的责任并不能激发孩子内在责任感的自驱力，因此，最后孩子的执行力达不到预期的效果。

一年级孩子更不懂什么是责任感，他们会笼统地认为“这是老师布置给我的任务”。孩子们心智不够成熟，平时的饮食起居都是大人帮忙照料，更别说去照顾动植物。因此，即使是老师赋予的任务，孩子们也无法完美地完成，最后便是由家长代替完成。

孩子做事往往是凭兴趣，看到“求助信”，一时兴起表达自己愿意养护绿植，而我想要的是让孩子对养护绿植负责到底，并一定能做到。因此，变被动为主动，由老师被动指名变成学生主动认领。主动认领的前提是要让孩子知道如何养护才是最科学的，即让孩子明白养护的要求，该做什么、怎样做，否则将会有什么后果。

## 锦囊妙计

1. 竞聘上岗

看着可怜巴巴的绿植求助信，孩子们争先恐后地举起小手：“老师，我愿意带它们回家！”“老师，我也愿意。”“我也愿意！”……“愿意”的声浪此起彼伏。我郑重地说道：“孩子们，养护绿植可不是件简单的事情，必须是一位很细致的主人才有资格养护它们。那这样，我们班的绿植只有20盆，但是我们班有44位孩子，我们也要竞聘上岗。小朋友们，你们觉得怎么样？”孩子们的兴致更加高昂：“老师，如何竞聘？”我接着说道：“想成为绿植主人的小朋友，回家准备竞聘演讲稿，可以讲养护的技巧，竞聘时间定在下周一。”

这一周的课间，给绿植浇水的人多了，认识植物名称的人多了，观看绿植的人也多了。每位孩子都跃跃欲试，想成为绿植小主人。转眼到了周一，在孩子们的要求下，早上第一节课就开始了小小养护员的竞聘仪式。通过竞聘，我发现孩子们为此做足了功课：绿萝需要两周浇一次水，不适宜在阳光下曝晒；多肉可以将枝条剪掉，重新嫁接；夏天不适合养花，因为温度太高；等等。关于养护的知识，孩子们搜罗了一大堆，相信在搜寻资料的过程中，肯定也增长了不少课堂上学不到的知识。

2. 一周试用期

由于竞聘的小主人人数远远大于绿植的数量，又不能浇灭孩子们的兴致，于是接着又开始了“绿植小主人试用期”。每位竞聘的小主人在教室里任选一盆绿植，有一个星期的试用期，试用期通过后才能真正成为绿植的小主人。有些抢手的绿植一下子有 5 位小主人，少则也有 1 位小主人，就这样开始了“绿植小主人”试用期之旅。并且我给每位小主人发了一小本“绿植档案册”，根据这一周的观察，记录绿植的变化。临近期末，必须要遴选绿植小主人了。翻看着小主人们的记录本，各个都非常用心地记录。“今天给绿萝浇了 200 毫升的水，但是小明说水浇得太多了。我觉得小明说的也有道理，因为把水倒进去时，绿萝盆里水都满出来了，真担心会把绿萝给淹死。”“今天什么也没有做，就是用纸巾给绿植的叶子擦拭了下，我感觉它的叶子干净多了。”“今天仔细观察了下多肉的枝条，发现多肉枝条壮一点的就会大一点，多肉枝条细一点的就会小一点，看来多肉的长势和枝条的大小有关。”这样的记录出现在“绿植档案册”里，可见孩子们照顾绿植是非常细致的，细致到浇多少的水量，细致到能观察枝条与叶子的关系，细致到像照顾孩子一样给绿植擦拭。这样一群兴致高昂的养护员，删去谁，都会很伤心。如果有一个两全的方法，既调动孩子的积极性，又能为绿植找到主人，那是最好的。

3. 抱团上岗

一周的试用期很快就到了，最后一天的结业典礼上，我为难地说道："孩子们，经过竞聘上岗、试用期的两道关卡，老师看得出来你们都是合格的养护员。可是现在有一个难题急需解决，每一位竞聘的同学都非常优秀，老师不知道该选谁当绿植的养护员。你们有什么好办法吗？"教室里一下子沉默了，看得出大家都想成为绿植的主人。"要不这样，你们先小组讨论下，看看有没有更好的办法。"教室开始了一阵激烈的讨论。有的小组说："老师，既然是竞聘上岗，就选最有责任心的人当绿植的主人。"有的小组说："就让老师选吧。"第六小组说："老师，有这么多人想当绿植的主人，平时我们也有小组合作学习，要不然，我们这次也以小组的名义来养护。我觉得这样每个人都能参与到养护行动中。"我频频点头，带着微笑说道："同学们觉得第六小组的建议怎么样啊？"我故意问之，孩子们懂得老师的心思，都表示同意。我接着说道："合作养护，我觉得这个方法很好，但是之前竞聘的时候，我们的同学都选择了自己擅长养护的绿植。让选择同一种绿植的同学成为小组共同来养护，好吗？"孩子们一听，都表示同意。接下来，我隆重地宣布了绿植的主人名单，并且给每一位小主人颁发了聘任证书。接着，我又说道："孩子们，现在老师很担心，因为主人很多，怎样共同养护呢？现在请同一绿植的小主人坐到一起，商量下如何在暑假共同照顾你们认养的绿植。"此时，教室里的讨论更加激烈了，有达成一致意见的，也有不同声音的："老师，我们小组决定轮流养护，我们一共 5 个人，一个人一个星期先轮着来照顾。""老师，我们小组决定，每天傍晚到小红家共同观察绿植和照顾绿植。""老师，我就一个人，我自己一个人养。”讨论结束后，每个小组和他们共同的绿植合影。以照片为证，绿植认领活动圆满完成。

经过暑假两个月，又到了新学期。第一天返校，各小组成员抱着他们养护的绿植来到了教室，绿植果真养护得非常好，再次给小组成员和绿植来一张合影，两张合影悬挂在绿植旁边，让他们继续成为绿植的小主人。教室又充满了绿意……

一件小小的绿植养护员的事情，百般周折。有些人觉得是自找麻烦，但是任何一件小小的事情都能培养孩子们的品质，而简单说教，孩子们并不一定会欣然接受。都说“得不到的才是最美好的”，我想很难得到也是最美好的。一个小小养护员的聘任，培养的是孩子们的“责任心”，如果简单处理这件事情：指名孩子一人一盆绿植带回家去养护。一个没有责任心的孩子能用心养护吗？答案是否定的。经过两个月，肯定有些孩子无法把绿植再带回教室，因为在暑假的时候绿植就可能枯死了。在隆重的“竞聘上岗”仪式上，要想让自己在竞聘中胜出，必定需要搜索更多的养护知识。搜索养护知识的过程就是一个学习过程。“竞聘上岗”结束后还有一个“试用期”，孩子们必定会非常用心。这“用心”就是培养孩子们“责任心”的最好写照。

最后的结果不能“几家欢喜几家忧”，更不能有选择性地培养几个人的责任心。所有的教育应该是面向全体学生的，因此才会有最后的“抱团养护”的活动。“抱团养护”又促进了学生之间的合作，使其在合作中懂得如何谦让、如何沟通。

我想，如遇一个活动、一件事情，我们作为班主任，多为学生想一点，多为活动考虑一点，多增加一点趣味性，多来一点挑战性，最后呈现的育人效果肯定是不一样的。

# Part 3

# 家校共育讲策略

一个人走得快，一群人走得远。教师是家长的“重要他人”，家长和老师要“抱团取暖”，心往一处想、劲往一处使。家校共育要目标一致，目标一致则需要艺术沟通。家委意见不合，怎么办？让故事找回面子和里子；难了（liǎo），一巴掌……这些故事里，都藏着艺术沟通的技巧。艺术沟通形成“和谐教育”：科任老师与家长间的和谐、家长与家长间的和谐、家委与家长间的和谐。“和谐教育”拉近家校距离，形成“同频模式”，为孩子的成长保驾护航。

# 第 26 招　家委意见不合，怎么办？

## ——联动一次家委活动

### 故事在线

事件一：买生字卡片

开学一周后，我在家委群里发了一条信息："一年级的语文学习主要集中在字词，而生字卡片可以帮助学生时时复习已学的生字，我建议学生还是要买生字卡片辅助学习。我在网上搜了下生字卡片，都比较贵，如果统一由班费支出，费用会比较高。想问问家委意见，我们是统一买还是学生自主购买呢？"信息一出，家委主任最积极："关乎孩子的学习，必须一起买！"群下面马上冒出来不同的声音，小 A 家长回复道："据我了解，很多孩子家里都有生字卡片，为了不浪费，还是让家长自己购买。"家委主任坐不住了："第一次班级行动就搞分裂，这样以后班级工作很难做，必须要一起买！"小 A 家长也不甘示弱："我不是不同意，只是觉得这样太浪费了。"家委主任着急了："如果我们家委都不团结，以后怎么一起为班级服务啊！"你一句我一句地互怼着，群里家长的意见出现严重分歧，气氛一度陷入紧张。

事件二：课后托管

应上级要求，全区学校要实行课后托管，学生自愿参加课后托管。我将消息发在家委群里，想先取得家委的支持。家委主任第一时间回复道："我觉得课后托管要全班一起，这样孩子们的节奏才会一致。"小B家长："这学期为了我儿子的学习，我特地把工作辞了，为的就是带孩子学习，我家儿子不要托管的。"家委主任："你这样不是搞班级分裂吗？一起托管，老师好管理。"小B家长："一年级孩子还小，而且我了解我儿子的性格，他需要一对一地盯着。"家委群里，意见又没有达成一致。

## 故事分析

一个没有感情基础刚组建的团队，想行使绝对的权力是非常困难的事情。只有在互相尊重的基础上，增进彼此了解，有统一的愿景，这个团队才能久远。

刚上任的家委主任从班级的大局考虑，希望班级有统一的行动，这样便于老师管理，为孩子提供最优质的服务。家委主任的出发点非常好，而群里出现不同声音的家委也没有错。有些家长不会去看班费如何使用，只看到最后的结果"又要交班费了"，以此来衡量班级过度使用班费。近年来，因为班费问题成为新闻热点的不占少数，因此，我们在使用班费时要格外谨慎，把钱用在刀刃上。我同样赞成在小学一、二年级，家长要花更多时间参与到孩子的学习中来，一对一的指导比起一对多的指导，效果肯定要好！新上任的家委主任，是家委会的主心骨，以后班级的大小事务都需要家委主任带领着大家一起做。因此，作为班主任不能直接在群里反驳家委主任，让家委主任下不了台，也不能直接反驳家委，让家委误解班主任，以此来误解家委主任。如果家委主任的工作不能让家委信服，班级的家委会组织涣散，家委会各成员的积极性就会被大大削弱。

一个班级自然要组建一个家长委员会，家长委员会是全班家长的核心力量，是班级工作的基石，更是老师组织好班级的坚实后盾。如果这坚实后盾倒塌了，彼此之间出现了诸多不合的意见，谁都不肯让步，将会让家委的存在一度陷入尴尬的境地。作为老师，我们希望有一支百分百支持班级工作的家委队伍。

## 锦囊妙计

1. 多元组合干活不累

成立家委会是组建班级后的第一要事，家长以自愿自荐的方式加入家委会，主动加入比起老师的被动邀请，家委们会更加积极支持班级的活动及老师工作。我秉着这样的原则，在班级群里发布了组建家委会的信息：“各位家长，你们好！因为孩子我们有缘相遇在 2 班，2 班今后的发展需要各位家长的大力支持。接下来我们班级要成立家长委员会，希望符合‘有时间服务’原则的家长们积极报名。”家长们纷纷参与，总共 10 位家长报名。

组建家委群，罗列家委需要担当的职位：主任、宣传委员、采购、会计、出纳等。其他的职位都有家长填报，只有“主任”的位置还是空缺的。过了好一会儿，主任后面赫然有名字填报。“火车开得快，全靠车头带。”家委主任是一位汽车教练，说话比较直接，是一位直肠子，心里有什么就说什么，工作极其认真，做事积极，一心想为班级服务。查阅孩子们的档案后，了解到家委组成有当地居民也有高校老师（我们学校是大学的附属学校，学生由当地居民和高校子弟组成），有男同志也有女同志，家委的建议代表各方家长的建议，这样的组合更符合班级群体的性质。

2. 换位思考多体谅

家委群是刚组建的，家委之间并不熟悉而且对彼此的做事风格也不了解。没有感情基础的家委，在看待事情时难免会有不同的建议。当家委在群里出现意见不合时，作为班主任，只能是两面唱和。群里你一言我一语，我就马上在群里打圆场："大家的出发点都是为建设更美好的班级，大家不要动气。只要我们心往一处想，劲往一处使，总会达到最圆满的结果。""只要大家大体方向是对的，有什么事情商量不下来的，可以问问我的意见。"同时，我马上和家委主任及其他家委私聊。"多谢主任处处为班级考虑，为老师考虑，因为我们是刚组建的班级，有些家委对班级情况不了解，您的大女儿已经三年级了，所以您会更加了解家委会的运作。我们慢慢来，其他家委会了解主任的用心的。"先肯定家委主任对班级的付出，再对另一边的家长也慢慢解释："大家不要因为一点小事而动气，主任是个直脾气的人，你不要放在心上，主任的出发点是好的，是为班级着想。你说的也非常在理，我们不能浪费，毕竟我们手里拿着的都是全班孩子的班费。我们慢慢来，大家慢慢了解了，也就会了解彼此的做事方式了。"

在与家委们的聊天中，委婉表达主任说话时可以再温和些，多多考虑全班学生的家庭情况。对其他家委，希望他们能多多理解主任的难处，了解主任的出发点，现在大家刚刚认识，在彼此都不了解的情况下难免会出现这样的情况。

3. 组织活动增感情

现在二年级，家委之间慢慢增进了解，有了感情基础，大家积极为班级出力：有出点子的、有出力的、有买东西的、有记账的……家委各负其责，班级工作井井有条。这多亏了平时家委组织活动，增进感情。在家委的组织下，孩子们走进了菜场，和卖蔬菜的家长一起上秤称菜、上街叫卖、拿菜回来烧煮；过年时，家委组织了联欢会，大家分工合作：点菜、排演节目、租赁、调试音响设备……这些都不用我操心。

同时，我拉上科任老师一起，请家委吃饭，在闲聊中增进家委间的了解，同时也增进老师和家长的感情，取得家委的支持，使得家校联动更加紧密。

做好任何一件事情都需要一个过程，家委间的磨合需要过程，感情积累需要过程，分工合作也需要过程。随着时间的推移，家委主任看得出其他家委全心全意为班级服务：买东西时货比三家，送东西时及时有效，做家长志愿者时最积极主动……家委和家委主任站在一起为班级服务，最幸福的是我们的孩子们！

“现在的家长确实和我们以前的家长不一样了，在入学前就开始关注孩子的学习。有些孩子家里肯定也有生字卡片，那这样，由班级统一买一份当作生字教具，剩下的家长自愿购买。大家觉得怎么样？”

“学前孩子的起点不一样，行为习惯也不一样。低段的孩子，特别是心智稍幼稚的孩子并不适合托管。如果到了高段，随着知识难度的提高，托管能为孩子们做个补充，为基础稍弱的孩子‘打补丁’，为成绩稍好的孩子培优。上级文件规定也是在自愿的前提下报名托管，我们现在还是一年级，还不急着统一托管，这次就先自愿报名吧。大家觉得呢？”

虽然家委会是家长自发组织的，但是有时候在意见不统一的情况下，还需有个人给出中肯的建议，那么这个人就是班级的“大家长”——班主任。班主任在家委会中要充当起“润滑油”“风油精”，家长间出现矛盾了，需要“润滑油”来滋润，家长搞不懂的事情需要用“风油精”来抹一抹，所以家委会甚至家长群中有不一样的声音时，班主任需要给出中肯的参考建议，但这参考建议不是武断的结论，一切还是要以家长的意见为主。

# 第27招　让故事找回“面子”和“里子”
## ——联动一次班级群里讲故事

### 故事在线

“杨某某，你们几个女孩子这样打我孙子，别怪我对你们不客气！”“你们家长有没有教孩子，这样欺负别人家的孩子，你们家长都不管吗？”群里弹出了几句方言的语音，紧接着是连续几句“骂人的脏话”。

“你要把话说清楚，我们也是讲道理的，如果是我家女儿不对，我肯定登门道歉，如果不是我家女儿不对，你这样在群里骂人，我们也是不肯的。”小杨妈妈在群里接上了话。再仔细一听，确实是在指名道姓地骂小杨同学。

看到这样的情景时，我第一反应就是安抚：“各位家长都先别生气，等老师明天把事情调查清楚了，我再和你们说。手心手背都是肉，该批评的该道歉的，等老师查明后再给家长们一个交代。既然孩子交到老师手里，请家长信任老师有这个能力处理学生间发生的事情。”

“安抚”并不能让家长消气。马上，我私信两位家长：“丁奶奶，你放心，明天我一定好好调查，该批评的我都会批评的。你要对老师放心。”

听着丁奶奶的语音，语气有些缓和，我接着说："丁奶奶，如果以后小丁发生什么事情，你先跟我说，不要在群里说。在群里说，有些家长会介意的。"我马上又私信小杨的家长："杨妈妈，你先别生气，小杨平时的表现都非常好，我明天先调查。理亏的话我们就道歉，没有错的话咱们也不能让家长乱说。"杨妈妈还在气头上，生气说道："老师，你说说，丁奶奶太没有素质了，我女儿纵使真的有做错的地方，你私信给我，我会好好批评的，还在大群里破口大骂，好像我家女儿是个十恶不赦的坏人似的，这么多年，这样的事情还是头一次发生。"可以听出，丁奶奶在群里的话语让杨妈妈很生气！

## 故事分析

上海的两位爸爸，因孩子之间的小摩擦，先是在家长群里放狠话约架："狠三狠四侬不买账，那明天校门口见！"最后这两位爸爸，得了个"打输的住院，打赢的坐牢"的结局。作为老师最怕的不是处理学生之间的矛盾，而是处理由学生矛盾升级成的家长矛盾。

小丁同学是一名留守儿童，父母常年在国外，小丁很小就跟着爷爷奶奶生活。隔代带娃，爷爷奶奶对小丁非常宠爱，宁愿自己受委屈也不能让孙子受委屈。而小杨同学非常优秀，是老师眼中的好学生、家长心中的好孩子，是个人见人爱的小姑娘。平时丁奶奶也有在家长口中听到赞扬小杨同学的话。可谁都好面子，被一位老人在群里公开说自家女儿的不是，在公众场合失了面子又丢了里子，心里的火气不免就上来了。

孩子间的小矛盾一旦暴露在公众的视野里，小矛盾就会升级为家长间的大矛盾。双方家长要各自"讨回公道"，公共群的"看客们"用审视的眼光看老师如何公正处理。这变成了既要教育孩子，又要给双方家长“讨回公道”，还要给群里的“看客们”交代。处理事件的难度直线上升。

## 锦囊妙计

第二天一早来到教室，我叫上小丁、小杨，还有与这件事有关的几个同学来到办公室“对质”。几个小朋友似乎都很无辜：“老师，我们是在玩游戏呢！”“是啊，老师。小丁愿意做我们的许愿精灵，我们就许愿啦！”我接着追问：“那你们是怎么许愿的呢？”小杨同学一五一十地讲着他们的故事，并强调没有欺负小丁同学。随即，我将孩子们讲的故事迅速记录了下来。

**一个天真的故事**

音乐课下课，小丁来到了教室门口，地下刚好有一摊水，小丁同学站在水坑旁边。此时班级队长小杨同学出来了，看到小丁同学站在水旁边，开玩笑地问：“你愿意做我的许愿精灵吗？”小丁同学毫不犹豫地答应道：“你说什么我都愿意！”这时候，小徐和小周同学出来了，也一起参与了这场天真的游戏。小杨同学又开玩笑地说：“那你敢蹲在水坑上面吗？”“敢。”说着小丁同学真的蹲在水坑上面了。接着，小徐和小周同学又说：“那你敢双手撑在水坑上面吗？”小丁同学二话不说换了个姿势直接躺在水坑上面了，而且打趣地说：“你们压在我身上，在我身上乱画，我都愿意！”

四个好朋友开着玩笑，嬉嬉笑笑地结束了水坑旁的游戏。小徐同学说：“那你敢去抓鸟屎吗？”小丁同学跑到旁边的灌木丛，抓了一只已经干枯的蜗牛壳扔向了三个女孩子。三个女孩子因为害怕，一哄而散。

很快就要上课了，四位好朋友一起回到了教室。一年级的孩童，总是天真无邪地干着一些事，无所谓谁对谁错，这就是童年美好的回忆！

再次回顾故事，孩子们反思自己的行为。“小丁，你现在是一年级的小学生了，要学会判断。哪些事情可以听同学们的，哪些事情要有自己的判断。”“小杨你们几个小女生，做事情前都要想一想，这件事情能不能做，会有什么后果！”老师最喜欢摆事实、讲道理！孩子们也听懂了老师的摆事实、讲道理。最后，我给每一位小朋友都送了一颗巧克力，以后还是甜甜蜜蜜的好朋友。

在公众面前丢了面子、失了里子，就要在公众面前拿回来。我将这个“天真的故事”发在班级大群里，群里的家长立马就送上“点赞、献花”！随即，我又给丁奶奶打了电话叮嘱以后多跟孩子沟通，孩子父母不在身边辛苦奶奶的照顾。又给杨妈妈打电话，还未等我开口，杨妈妈就激动地说：“老师真智慧啊！以后我也会跟小杨多说说的，玩游戏要有分寸，谢谢老师。”

1. 第一时间做出反应

家长微信群是非常难管理的。但是随着信息时代的发展，家长微信群还是要建立的，它便于家校沟通，但不能变成家长“吵架”“理论”的平台。老师作为“群主”，要时刻关注群动态，第一时间解决突发事件。在这件事中，第一时间安抚两位家长，给家长吃“定心丸”：老师已经知道这件事情，并且会秉公办理，还孩子一个公道。这颗“定心丸”，不仅是给当事人家长也是给全班家长的，因为全班家长都在观望老师如何处理这件事情，便有了“代入感”：以后如果也有事情发生在我孩子身上呢？老师会怎么处理呢？看似安抚两位家长，其实是在“群体安抚”。

2. 黄金时间还原真相

“今日事今日毕”，特别是学生的矛盾、意外受伤，需抢占黄金时间处理。如果学生将“矛盾事”“受伤事”带回家，由家长介入，有可能这件事会偏离事件本身。今天发生的事情今天解决，今晚得知的事情，明早第一时间解决。

事后，小杨妈妈告诉我，她和小杨的父亲一夜没睡，很想知道到底是怎么回事，自己的女儿到底有没有做错。每一位家长都在等待“事实真相”，因此要在黄金时间还原事实真相，让在家长心中的石头落地。如果发生了“受伤事”，学生身上受伤的部位如果是由老师主动告知的，主动权就在老师手中，能快速取得家长的理解。反之，家长事后发现，失去黄金时间的处理，老师处于被动，会让家长误认为老师对学生关注不到位。

3. 巧妙处理不失面子

非要理论出个“对与错”，并没有意义。而是通过还原事实，在学校发生的事情在学校解决，不要家长介入。家长的介入就会带有成人思想的色彩。把事实还原成一个故事，在故事中既读出了孩子的天真，也读出了故事中的对与错。没有让谁降低身段向谁道歉，而丁奶奶在故事中也体会到了孙子处理事情的不当，小杨父母也看到了自家女儿的莽撞。巧妙处理，让双方家长都不失面子。

# 第28招　难了（liǎo），一巴掌
## ——联动一次“深度谈判”

### 故事在线

周五早上大课间，三年级和四年级打响了本届篮球比赛倒数第二场常规赛，由于身高上的差距，这一次常规赛三年级以大比分落后。平时一向和谐的篮球队，出现了指责的声音：“都是你，没有接住球，我们才会输得那么惨。”这指责的声音来自篮球队长小周。听队长这么一说，此时同学们也把指责的眼光都投向了小浩。

无巧不成书。早上第三节体育课，体育老师让孩子们自由练习篮球。小周组织了其他球员练习打篮球，小浩没有参与训练，而是在篮球架下和同学玩。一不小心，小浩在同学的推搡下撞到了正在打篮球的小周，小周被重重地撞倒在地上。怒火烧眉的小周，起身就往小浩的脸上甩了一巴掌。

当天中午，小周、小浩被叫到了办公室。经过批评教育，小周承认了自己的错误，并且向小浩道了歉。事情算是过去了。

当天晚上，“叮叮叮”电话的另一头，传来了气愤的声音：“周一早上，我和小浩的爸爸一起来教室。小周必须要当着全班同学的面向小浩道歉。如果小周不当众道歉，那么我让小浩打小周一巴掌，再跟他道歉，这样也很公平啊！”听得出小浩妈妈对于小浩在学校被打一巴掌相当生气。好说歹说叫小浩家长先不要过来，在学校发生的事情，要相信老师能处理好。

## 故事分析

小周不仅是篮球队的队长，还是班级的班长，在同学们心目中非常有威信。而小浩同学，平时比较内向，没有什么主见，在家、在校都属于比较听话的孩子。

同学之间产生矛盾，打在身上、打在脚上、打在手上，都能忍受，但是挥起手打在脸上，还是当着那么多同学的面，这确实让人无法忍受。以成人的角度看待这一“耳光”，联想到自己儿子平时忍耐的性格，小浩家长怒火中烧。将心比心，可以理解他们心中的愤怒。

一个人的行为，是平时习惯的反应。而小周这个“习惯性动作”，在我的眼里就不合乎常理了。入学三年来，小周一直是老师心目中的好学生，家长口中的“别人家的孩子”，从来没有做过什么出格的事情，今天的这一巴掌，确实也出乎意料。也许小周根本就不知道“打人不打脸”的说法。当时的小周太想赢，太想为班级争光，在生气情绪的催使下，动了手。他可能只是把“挥手打脸”当作普通的反击。有时候成人过度解读孩子的行为，反而让事情复杂化。往往学校孩子间发生的事情都是因为成人的思想观念才会让事情变复杂。

## 锦囊妙计

1. 两个“布丁”，去打家长心中“补丁”

“孩子的事情孩子自己解决”“学校的事情学校解决”，每一个孩子都是解决问题的专家。面对小浩妈妈这样不合理的要求，老师是无法答应的。我马上打电话给小周母亲，把事情的原委告诉小周母亲。小周母亲听是这样的要求，原本表示歉意的态度一下子转变了：“我家小周是没有错的，是小浩先推倒我家儿子，小周才会做出这样的举动。要小周当着全班同学的面道歉，那是不可能的，我们家长不答应。”

周一，班主任再次将两个孩子叫到办公室，把班级获得荣誉的照片摆出来给两位孩子看，并且表示同在一个班级，心往一处想，劲往一处使，所以才会得到这么多荣誉。两位孩子都是篮球队最重要的队员，缺少谁都是班级的损失。班主任同时拿出了两个布丁：“老师这里有两个布丁，希望你们能一起分享布丁的甜蜜，就像分享打篮球的快乐与失败一样！”在办公室，他们剥开了布丁，一起分享。顺势表达希望他们回家劝劝自己的爸爸妈妈，孩子的事情就让孩子自己解决，再说同学间已经和好了，事情就让它过去。

2. “自责”与“面子”，去解家长心中“死结”

当天晚上，小浩家长又打来电话，表示：“这已经不是孩子间的事情了，这已经升级到尊严的层面。今天我儿子被小周甩了巴掌，小周没有当着全班同学的面道歉，以后班级的同学还会继续欺负我儿子，我儿子在学校就是天天受气，这绝对不行。我可以让步，我们不过来看小周当着全班的面道歉，但是老师你要拍道歉的视频给我看，我儿子性格懦弱，放学回家还劝我说就这样算了，他们又成为好朋友了。我要让我儿子经过这件事，强硬起来，不能再受欺负了。”班主任无论如何劝说，小浩家长就是不让步。

第二天早上 7:30 左右，小周的妈妈来到了学校的会客厅，神情相当凝重，无论怎么说她就强调一点：自己的儿子可以道歉，但是小浩要先向自己的儿子道歉，因为小浩先撞倒自己的儿子。我接着劝说：“我同意你的说法，我对不起小浩的家长，我满足不了小浩家长的要求。小周又是位自尊心很强的孩子，也不能伤害他。平时我们班级的活动你们双方家长都这么积极，配合得那么好，现在怎么就这件事无法调解，我都不知道如何处理了。”我说着说着便动情了：“双方家长的工作都做不下，我觉得自己很不配当这个班级的班主任。平时工作再苦再累，都没关系，我只希望在关键事情上，多一份家长的支持。我们就像一家人，两个孩子都是我的儿子。以后家里聚会，这个儿子来那个儿子不来，这个儿子和那个儿子互相瞪眼，谁也不理谁。我作为这个家庭的大家长，我心里有多难受？”

小周妈妈看到我这样动情，连忙解释说：“老师，我们不是不讲道理，但是对方就是不听解释。我儿子用甩巴掌的方式反抗，我确实感到不对。那天我确实有事情，没有和小周深入沟通。我也是事后才知道，没有及时给小浩妈妈打电话道歉。”我又接着说：“看在我的面子上，我们把小浩家长叫过来，咱们当面把话说开了，我相信小浩家长也不是不讲道理的人，也只是在气头上。你就代表小周向小浩家长道歉，说句抱歉。这样可以吗？”

3. 班会课，去扫除家长心中的“后顾之忧”

我起身到门口给小浩家长打电话，让他过来一起聊一下。恰巧小浩家长有事过不来，我将过错归结于自己未及时与两位家长沟通，同时也说明小周家长周末比较忙，周日晚上才知道这件事情的原委，表达小周家长的歉意，并且承诺再次召开以“团结一家人”为主题的班会课，引导孩子们正面看待这件事情，晚上会再次给小浩家长打个电话说明班会课召开的情况。听老师这么一说，小浩家长也缓和了很多，同意这样的做法。两位家长表示以后还是会一如既往地支持老师的工作。历时五天的冲突终于结束了。

俗话说“打人不打脸”，打架可以打任何一个地方，但是“打脸”，从一个成人的视角来看待的话，那就是一个侮辱性动作，因此小浩的家长才会如此愤怒。老师认为已经解决好的事情在家长的眼里还没结束，没有与家长沟通这件事的处理结果。如果周五在办公室“批评教育”后，马上与家长电话沟通，取得主动权，相信后续处理会更加顺畅。最后都是由孩子回家后告知父母，家长从孩子口中得知与老师主动告知，事情的味道就不一样了。

家长成人视角作祟。小浩属于较内向的孩子，小周属于“别人家的孩子”。两者一对比，小浩家长心里肯定有落差，这落差来自“老师可能会偏袒小周”“同学们会觉得小浩好欺负”，因此家长才会在这件事情上据理力争。

从办公室“布丁教育”到全班班会课，从个别教育到集体教育。“布丁教育”，将道歉时的羞涩，将被打时的愤怒，都化为甜甜的布丁，给孩子记住的是布丁的味道，不再是苦涩的味道。最后和家长面对面，真情流露是解决这件事情的关键转折点，如果把老师弄得太为难、太尴尬，过多精力牵扯到无关教学的事务上，耽误的是孩子的学习，这样的担忧是人之常情。因此，老师有时候适当的“示弱”也能起到一定的效果！当然老师和家长都是孩子成长道路上共同的引路人，应该是平等对话，但是“情到深处”时，不免也是满腹委屈！

# 第29招 家长真的姓“懒”？

## ——联动一次“家校共情”

### 故事在线

儿子班级群里，班主任老师发了一条微信：“周四期中考试，请回家抽空复习。”再没有任何提示，我想很多家长与我一样在心里打鼓：语文、数学、英语、科学四门功课，具体该如何复习呢？我还是在一线教学的老师，连我都感觉到困惑，更何况不是从事教育行业的家长呢！因为是禁言班级群，家长也没在群里咨询。

在接下来的几天里，本以为可以跟着老师的步伐帮助孩子回顾前面已经学过的知识。查看孩子的作业才知道老师是继续上着新课，并没有进行针对性的复习。作为家长只能在网上拼命找些资料帮孩子复习。

### 故事分析

那么家长是“懒”吗？并不是“懒”啊。哪位家长不是望子成龙、望女成凤呢？而是真的不知道如何“下手”给孩子辅导。每天恭恭敬敬地完成老师布置的作业并好好检查，但是考试成绩并没有与付出的努力成正比。虽然我们跟孩子说的是“努力就好”，但是随着孩子的成长，这些难免会成为孩子不自信的原因。

家长在网上查找到了资料，但是无法甄别是不是有针对性，只有老师才能判别哪些知识是难点、重点。家长来自各行各业，以成人的思维方式讲解小学生的题目，讲解方式与老师的可能并不一样，只有老师才是最了解小学生的人。能主动在网上查找资料的家长已经是非常负责的家长了，更多的家长会提醒孩子：“周四考试，你要好好努力！”“周四考试，你要多复习啊！”如果把通知定义为告知家长考试时间，那么这条通知就失去了它原本承载的意义：告知家长考试时间，指导家长如何帮助孩子复习，我想这不是我们老师的出发点，我们想让家长成为“育儿共同体”，共同帮助孩子成长为更加健康的人。

## 锦囊妙计

### 1. 多沟通

如果我们的老师与家长多沟通一点，让家校沟通更加顺畅，对双方都更加有利。关于考试的通知，如果让家长了解到的信息更加全面，帮助孩子复习更加有针对性，我们家长还会埋怨老师不负责吗？

“各位家长，周四将迎来本学期的期中考试，数学考试的范围是从第一单元到第四单元的内容。第一单元是关于方位的内容，从第一单元的考试可以看出部分孩子对于方位知识点的掌握不够扎实，可以根据孩子自身的情况加以复习。我将每个单元梳理好的重难点发到群里，家长可以利用知识梳理图再次帮助孩子巩固。接下来的几堂课也会进行针对性复习，孩子们加油！家长们加油！”数学老师将各单元重难点梳理图发到班级群里。虽然说不能增加家长的负担，但是必要的家校联动还是要的，要让家长掌握孩子的学习动态。

从老师发的微信中，家长可以获得3条信息：（1）知道考试的时间；（2）知道方位的学习是难点；（3）利用老师发的资料进行复习。面对这样清晰的信息，家长还会“懒”吗？家长有了辅导的“脚手架”，为孩子讲解一下，我想作为家长还是能做到的。作为家长最怕的就是“巧妇难为无米之炊”，在那里干着急！

那如果老师真的只发了一条通知型的信息该怎么办呢？作为家长，可以私信老师，询问老师有没有更多的复习资料帮助指导孩子学习。其实很多家长想辅导又无从下手，希望老师能多提供些资料供参考。对于这样的请求，我相信老师是不会拒绝的，家长给力也是在助力班级提高整体成绩，帮助老师打造优良班风。

2. 多指导

和家长聊天的时候，有些家长非常有趣：“我儿子现在上三年级，我的文化水平也只是三年级！”家长的这句话透露出“家长和孩子是学习共同体”。很庆幸有这样共同学习型的家长，这样的家长更需要我们老师的指导。都说三年级是小学阶段的一道坎，而三年级为什么会成为一道“坎”呢？从知识层面上讲，对比一、二年级的知识，三年级的知识量一下子增加了，从一篇短短的课文变成一篇较长的课文，并且还增加了语篇段落的写作；从数学知识结构讲，增加了周长、面积、方位、小数等在一、二年级段没涉及的知识点，这些对于孩子来讲都是难点；再从孩子的身心发展来看，一、二年级是童年的晚期，三年级起进入了少年期，从懵懂的儿童进入了能辨别是非的、在意成绩的少年。综合这些原因，有人说三年级是小学阶段的一道“坎”。

“老师，现在三年级了，我家儿子每一次考试的成绩都不理想，我们平时也是陪着学习的。孩子也非常乖巧，我们说什么他就听什么，但是成绩就是没有提高，我们也不知道怎么办……”这位家长非常着急自己孩子的成绩，如果我们用“用心陪伴，慢慢等待”来回复家长，这并没有给出实质性的指导。其实我们的家长需要的恰恰就是这些。也就是教他们具体应该怎么做。作为老师，我们应该看得出家长的困惑，可以这样回复：“三年级的知识点与一、二年级单纯识记是不同的。三年级知识更加趋向于应用，因此我们在学完一个新的知识点时应及时做好巩固，可以教孩子画思维导图将知识点联结起来，等会儿我发几张思维导图给你看一下！”从这条回复中，我们看到老师对家长有学习方法上的指导，而家长正需要这样的指导。

“老师，我家孩子在家里都不听我的话，我说一句他顶十句。老师啊，我真的不知道怎么教我儿子了！你能给我点建议吗？”这位家长直接提出了自己的诉求，那么作为老师更要给出自己的建议。可以先找学生全面了解亲子沟通不顺畅的具体原因。如果是学生的原因，通过老师的引导及同伴的影响慢慢转变；如果是家长的原因，那要和家长深入交流，改变一些不当的做法，正确引导孩子健康成长。甚至可以推荐一些育儿的书籍，帮助家长找到育儿的方向。当然育儿书籍上的方法并不适用于每一个孩子，每一个生命体都是独一无二的，因此我们要在育儿书籍上找到大方向，在实践中找到适用自己孩子的小方向。

家长并不是“懒”，而是缺少指导他前行的方向。

3. 多共情

当孩子在学校里出现违反学校规章制度的情况，老师们总是会请家长到学校，数落孩子的种种不是。此时作为家长，你是什么心情呢？曾经一位家长与我交流：“老师，我都要崩溃了，连续三天被班主任请到学校，向我告状我家儿子的种种不是！”从家长的话语中，我们能感受到家长很反感老师的这种“邀请”。

我想如果孩子在学校发生一些不文明的行为，可以通过个别教育和集体影响相结合的方式对孩子的行为进行矫正。如果一味叫家长来学校，最终可能会将家校推向对立面。那是不是所有的事情都不能请家长呢？并不是。如果是触及道德底线的事情，还是需要与家长沟通，达成共识来共同纠正孩子不良的行为习惯。

我们的家长需要多一些“共情”。优秀学生是万众瞩目的焦点，是别人口中的“人家的孩子”。而一个不听话的孩子在家里的状况，你是无法想象的：不按时完成作业，玩手机，与家长唱反调。此时家长是非常无奈的，我想需要老师“共情”家长的处境，与家长一起想办法。每一个孩子都是家里的宝贝，都需要呵护与关爱。老师要多站在孩子的角度、多站在家长的角度想一想。这样的“共情”最后会达到“共振”。

# 第30招　有声评语

## ——联动一次创意评语

### 故事在线

校长在全体教师大会上语重心长地说：“老师们，孩子毕竟是孩子，难免会犯一下错误。如果是犯错的事情需要告知家长的，请你一定要打电话跟家长说。如果是表扬的喜事告知家长，可以发微信、可以发在班级大群里，怎么渲染都可以。”我想校长说这句话想表达的意思是：“好事传千里，坏事不出门。”期末评语是好事，便可以传千里。

又到期末写评语时，老师们唉声一片：“又要写评语了，上个学期抄评语在素质报告单上，手都要抄断了，那情景历历在目呢；我的字不好看，要被家长笑话了；期末事情太多了，真的忙不过来啊……”

### 故事分析

一天有24小时，除去睡觉的10小时，孩子在学校将近8个小时的时间，比起和父母相处的6个小时，老师更加了解孩子。可是每到期末，写评语就成了老师的烦恼。是不会写评语吗？不是的。每天和孩子在一起，对孩子了解，必定也能写出个所以然来。一个班级四十几个孩子，每一个孩子的个性特点、学习状态各不相同，要写出不一样的评语，确实有些难。再加上期末素质报告单上评语的空格比较大，需要给每个孩子写一大段的评语，这也是有难度的。

我们学校要求每一位老师手写评语。要让孩子和家长在手写评语中体会老师的温情。需要老师针对每个孩子罗列优缺点，再将这些优缺点组织成文字打字输入电脑，再将打印出的纸质稿誊抄在素质报告单上。一系列的流程，老师们觉得有难度。对于字迹不太美观的老师来说，更加有难度。

除了期末评语，期末还有大量其他琐碎的事务需要完成：上交特色班级材料、上交学生获奖汇总……期末评语是逃不了的一环。

## 锦囊妙计

为了化解这个“难”，将评语分成三部分，即“老师评语”“父母寄语”“同伴祝语”。这样，素质报告单上的评语一栏肯定能写得满满当当的。

1. 专属评语

“家长们：转眼一个学期已经过去了，在这个学期中我们家长有焦虑也有骄傲，有困惑也有收获，相信这一切的源头都是因为我们共同的孩子。本学期即将结束了，您有什么话要对自己的孩子讲吗？请您把它写下来，我将您的寄语写在孩子素质报告单上，让孩子永远记住父母深沉的爱！”通知一发出，家长非常配合地完成了老师布置的任务，有深情款款的：“亲爱的小卡，一转眼你已经8岁了。看着镜子里的妈妈，妈妈都觉得自己变老了，你感受到妈妈变老了吗？不管妈妈容颜如何改变，妈妈对你的爱是永远不变的。不会因为你成绩不理想而不爱你，不会因为你平时要点小脾气而不爱你，不会因为你闹的一些小笑话而不爱你……你永远是妈妈的最爱！”也有说理型的：“小玲，爸爸对你说过，脚下的路是自己选的，就必须坚强走下去，相信你能做到！”更有才华型的：“顾此失彼不是你，熠熠生辉才是真！”一句中藏着孩子的名字……收集全班家长的寄语后，再组织同学之间互相赠祝福语，再加上老师对孩子们的评语，一份完整的评语就完成了！

2. 有声评语

由三方组成的评语不足为奇。我要把三方的评语变成有声评语，让每一位孩子都能感受到来自老师、父母、同学的温柔。

“各位家长：让我们一起大声说出爱！这一次的期末评语除了老师会把你们的寄语写在素质报告单上之外，我还想请各位家长将你们的寄语录制下来发给我。我会将父母的寄语、老师评语、同学之间的祝福语编辑在一起形成一份完整的、专属于每个孩子的有声评语。”我还打趣地说道：“我有44个孩子，要录制44份有声评语，你们只有1个孩子只用录制一份寄语。家长们加油哦！期待你美妙的声音。”要录制有声寄语，家长们不一定都会像书写寄语那样积极。但是一听到老师要录制44份评语的时候，家长们就不好意思不录制了，更何况是对自己孩子说的话呢！在接下来的一个星期中，陆续收到了家长们的有声寄语，我和孩子们也加紧录制，再通过剪辑器将同一个孩子的寄语、评语、祝福语剪辑在一起，配上轻音乐，形成一份完整的期末评语。

完整版期末评语全部剪辑完，便让家长先听为快，通过微信逐个发给孩子们的家长。家长们在群里纷纷点赞或者私聊：“老师，听着你发来的评语，我眼泪都流出来了，太感动了！从来没有一种评语是以这种方式传到我们家长这里的！”“老师，说句老实话，以前您写的评语我都不看的，现在用音频的方式来写评语，这种方法真的太好了！就是辛苦老师了！”“老师，真的谢谢你啊！太用心了，让我们家长好感动啊！”这就是通过声音让“好事传千里”！

3. 动画评语

有声评语是给全班的孩子的，人人有份，但是动画评语并不是人人都有的。动画评语是在有声评语的基础上加上针对某一个孩子的一些精彩瞬间的照片和视频制作而成的。这一次为小连同学特地制作了动画评语。小连是我们班级比较内向的孩子，平时不喜欢和同学交流，甚至与父母的交流都非常少。为了让小连稍稍变得外向，这学期给小连创造了许许多多表现的机会，我有意识地用手机记录小连的蜕变：从原先上课从来不举手到现在能举手发言，从不敢上台到做主题晨会的主持人，从不敢开口唱歌到能上台参加比赛，从课间喜欢一个人安静坐在位置上到现在能和同学们打打闹闹，从一个不爱笑的女孩子到现在脸上能表现多种情绪的女孩子……把这些精彩的瞬间制作成了一个小视频，再加上父母、老师、同学深情的声音，就形成了一个专属于小连的动画评语。

我将制作完成后的动画评语在班级播放，所有孩子的目光都投向了小连。小连既兴奋又激动，双眼噙着泪。我能感受到小连心中激荡的涟漪。随后，我把动画视频也发给了小连的父母，小连的父母收到动画评语时同样激动不已，更是将动画评语发到了班级群里，并且动情地说道：“小连是我们的第二个孩子，我们的第一个孩子现在上高中了。在孩子的成长过程中，我们也见过很多老师，像这么用心的班主任我们真的是第一次见到，遇到好的老师是我们孩子一辈子的幸运！感恩！”群里的家长纷纷跟帖。

虽然动画评语费时费力，但是能为孩子多做一点，让孩子的心灵多触动一点，我想再辛苦也是值得的。

困难总是有的，我们要想办法化难为易，化繁为简，让每一件事情都变成快乐的事情。写评语很难，一大格的评语，目测需要 200 个字，每个孩子 200 字，40 个孩子 8000 字，这 8000 字写出各自孩子的特点，确实有些困难。通过“老师评语”“父母寄语”“同伴祝语”的三方评语，降低了老师写评语的难度，老师可能平均就写个 100 字左右。

每个学期末看到的都是老师一如既往的手写评语，说实在的，不在乎评价的家长真的没有仔细去看老师书写的评语，潜意识里可能会认为：老师写来写去就是那几句话，不看也罢！对于期末评语在乎的家长，仔细斟酌后可能也会认为：怎么又是这几句话呢！每个学期雷同的期末评语，家长已经没有期待了！

适当改变评语呈现的形式，增加评语的创造性，对于家长与孩子都是一种美好的期待。

# 第31招　爸爸去哪儿
## ——亲子定向活动

### 故事在线

“小王爸爸，快点，快点！加油啊！”在操场边的我拼命呐喊着！

“爸爸，快快快！加油，加油！”小王爸爸背着小王冲向终点，小王在爸爸的背上大声喊着！

爸爸去哪儿——亲子定向活动在操场上如火如荼地进行着。

随着校园的音乐响起，全体五年级段的爸爸们和儿子或者女儿，穿着西装打着领带或是穿着公主裙，走过红毯，来到亲子签名墙，每人手拿一支笔，签上两个人融为一体的签名。虽有一定的难度，但是爸爸们还是非常给力地完成了签名墙活动。我听到小丁在爸爸耳边说了声：“爸爸，帅气！”小红和爸爸签完名之后，做了一个爱心的动作，真是一对有爱的父女。

走过红毯，爸爸和孩子们来到了换装区，换上了专属于每个班级颜色的T恤，我们班的颜色是蓝色。同在一片蓝天下的亲子勇闯四大关。

第一关：爸爸，请找到我

爸爸们穿过“任意门的时光机”，带着孩子们来到了第一站“爸爸，请找到我”。摆在爸爸们面前的是上百个孩子的笑脸。每一个孩子的脸上都洋溢着灿烂的笑容。但是“时光机”把爸爸们带到了五年前孩子刚入学时拍的笑脸照，让爸爸们在众多笑脸照中找到自己孩子五年前的笑脸照。爸爸们还是非常厉害的，拼眼力、拼速度一点也不含糊，小红爸爸迅速找到了小红的笑脸照，和小红在“任意门”拍了合照，第一站打卡成功。在采访阶段，小红爸爸动情地说：“说实话，真的很难找。第一，照片很多；第二，五年前小朋友都很稚气，每个孩子的笑脸都差不多。还是小红提醒我说自己夹了一个红色发夹，我才能找到我女儿的照片。实在惭愧，转眼孩子已经五年级了，长大了，和一年级的样子还是有些不一样的！”

第二关：爸爸，再背我一次

“各位爸爸们，欢迎来到今天亲子定向第二站‘爸爸，再背我一次’接力赛。请各位爸爸背起孩子，准备，开始……”孩子稍微瘦小点，爸爸背起来稍微轻松点；孩子稍微壮一点，爸爸就吃力点。但是爸爸们还是咬着牙把接力赛完成了。“太累了，孩子一下子长大了，已经很久没有背孩子了，好像又回到了小时候，但是比小时候重多了！”“太累了，已经很久没有背过孩子了，感觉孩子一下子长大了！”爸爸们感慨着。

第三关：爸爸，我都知道

亲子分别坐在凳子上，主持人问同一个问题，亲子将自己知道的答案写在白板上，5 题答对 3 题算打卡成功。“请分别写出亲子的生日是什么时候。”小华爸爸快速地在白板上写下小华的生日，小华不好意思地看着爸爸，难以下笔。亮题板后，主持人宣布：“小华父子得 1 分，小林父子得 1 分，小王父子得 2 分……请继续听题，请写出彼此最喜欢吃的菜。”……到了采访阶段，小华看看爸爸，有些不好意思地说：“这么多年，都是爸爸妈妈为我过生日，我都没有为爸爸过生日。妈妈的生日我知道，但是爸爸工作比较忙，基本都不过生日，所以我也不是很确定爸爸生日是在什么时候。”小华说着说着，眼眶有些红了。我想此时小华心中充满着愧疚与自责。

第四关：爸爸，当你老了

活动前，我收集了爸爸们的照片，经过电脑软件加工，将爸爸们的样子加工成年老的样子：灰白色的头发、满脸皱纹。为了降低难度，我们将孩子事先分了号码区分牌，10 位孩子的父亲照片放在一个平板电脑里让孩子寻找。孩子们看到了 40 年后爸爸的照片，一个个都愣在那里，许久没找出自己爸爸的照片，有个别孩子看着一张张年老的照片，就开始抽泣。“孩子，你为什么哭啊？”主持人趁机询问着。“我觉得爸爸都有白头发了，还有很多皱纹，我爸爸老了……”这孩子一把抱住父亲，在那里哭泣。“那你以后，多多理解父母的不容易，多多陪伴父母，好吗？”孩子拼命地点头。看来，作为子女都不愿看到自己的父母老去。

## 故事分析

在学校，孩子出现问题，老师会打电话给妈妈；“家校联系本”最后的签名是妈妈的名字；送孩子上学、接孩子放学，依然是妈妈；生病上医院还是妈妈……妈妈在孩子童年、少年时扮演着众多角色：行为教官、生活保姆、作业帮手……妈妈是千面手，事事能干；妈妈是万金油，哪里需要到哪里。

那爸爸呢？

当今社会，家长不仅要给孩子提供充足的物质条件，更要为孩子创造富足的精神世界。爸爸在孩子的成长过程中起着举足轻重的作用，如果说妈妈在教育中看重的是细节，那么爸爸在教育中看重的是整体和方向。所谓“养不教，父之过”，爸爸到底对孩子的成长有哪些影响力呢？

第一，促进孩子的智力发展。有研究发现：一天之中与爸爸接触不少于2个小时的孩子，比那些一周之内接触不到6个小时的孩子，智商更高。更有趣的是，爸爸对女孩子的影响力要大于对男孩子的影响力。与爸爸密切接触的女孩数学成绩更佳。

第二，有利于孩子的身心健康。孩子在跟爸爸的交往中，感受到男女的差别。这会使男孩学会审视自己的行为，学会担当和责任；会让女孩明确男性的榜样，分清男女之间的差异，利于培养女性气度。同时孩子也会受爸爸易于表现的冒险、进取、独立性的影响，爸爸的陪伴能让孩子更独立、果断，更具勇敢精神、冒险精神。另外，爸爸更喜欢进行户外体育锻炼，使孩子的身体和运动能力得到更多的锻炼。

第三，爸爸是孩子重要的游戏伙伴。妈妈在孩子的成长过程中更注重孩子的衣食住行，而爸爸更多是通过身体接触、肢体动作、游戏等给孩子强烈的动作和身体刺激，促进孩子的体能和运动能力的发展，对孩子以后的学习和生活起着至关重要的作用。

爸爸在孩子成长中如此重要，爸爸的位置不能缺失更不能消失。

## 锦囊妙计

“爸爸去哪儿——亲子定向活动”放在五年级进行。在小学的五年时间里，部分孩子由于爸爸在生活上和学习上的缺失，与爸爸渐渐产生一定的距离感，再加上孩子即将进入青春期，更需要父亲的参与和引导。

1.仪式满满的红毯首秀

一身正装手挽手、肩搭肩地走红毯，有些父子或父女至今可能都没有尝试过。走红毯前，“来，儿子，看看领结有没有歪”，爸爸伸手帮着儿子整理领结，这是“男人之间”互相欣赏的方式。爸爸动手整理女儿的发夹，把歪了的发夹扶正，把卷起的裙摆抚平。这些小细节，在日常生活中，爸爸是没有注意到的，但是在盛大的红毯首秀中，爸爸开始注意这些小细节。这些小互动自然会拉近亲子之间的距离，让亲子间更加亲密。

“爸爸，我们应该这样握着签名。”“爸爸，把我们设计好的签名拿出来，我们照着签名！”“宝贝，好像这样的签名更加顺畅！”在签名墙前，父子或者父女商量着如何将两个人的名字设计在一起共同来签名。有些亲子现场设计现场签名；有些亲子将事先设计好的签名拿出来“照葫芦画瓢”。亲子名字融合在一起，让亲子“亲上加亲”，感觉“我”和爸爸是融合在一起的，永不分开。

2. 创意无限的亲子游戏

亲子定向活动的游戏分为两部分“爸爸眼中的孩子”“孩子眼中的爸爸”。小学六年是孩子变化最大的六年，从懵懂的孩童成长为翩翩少年。让爸爸寻找五年前孩子刚入学时的照片，有一定的难度，但是能挖掘爸爸内心对孩子的爱或者“愧疚”。如果一直关注孩子成长，陪伴在孩子身边，引导孩子学习，相信爸爸很快能找出孩子的照片。如果爸爸忙于家庭生计，忽略了孩子点点滴滴的成长，在寻找孩子照片时候的确存在一定的难度。

“爸爸眼中的孩子”让爸爸心灵一触，感叹时间过得太快，还没好好看看孩子，孩子已经长大！第二个关卡“爸爸，再背我一次”，对爸爸来说是挑战。五年级的孩子有些已经长得非常壮实了，有些个子已经有爸爸那么高了，让爸爸再背孩子一次，确实是挑战。小时候，爸爸常常背着孩子玩耍。“爸爸有多久没有抱抱孩子，没有背孩子了？”让爸爸再次感受孩子重量时也感受到孩子的成长。

“孩子眼中的爸爸”，目的是要让孩子体会到，不知不觉，父亲也会慢慢老去。在平板电脑上配对自己年老的父亲，看着满头花白的头发，看着满脸苍老的皱纹，孩子的内心不免会有一丝丝触动。

3. 回味无穷的亲子书信

所有活动结束后，“爸爸，我想对你说”“宝贝，我想对你说”以书信的方式，打开亲子的心扉。

“宝贝，爸爸第一次参加学校的活动。如果不是学校要求爸爸参加亲子定向活动，我想你小学六年的时间，我可能都不会参加你学校的活动。宝贝，对不起。原谅爸爸没有陪伴你成长，不知不觉你已经是 11 岁的大男孩了。但是爸爸真的没有办法，爸爸要赚钱，才能为你创造更好的生活。原谅爸爸，以后爸爸尽量有空就陪伴你，好吗？——爱你的爸爸”

“爸爸，我熟悉又陌生的爸爸，我们已经太久没有一起玩了。今天你陪我玩，我很开心。希望你多抽点时间陪陪我。——你的儿子”

“爸爸，我不愿你老去，在配对照片时，我根本找不到哪个才是你，因为你在我心目中永远是最帅气的爸爸。爸爸，如果真的要老去，请让我陪着你一起老去。——爱你的女儿”

一句句情真意切的话语，无论是爸爸还是孩子，看过后心底肯定都会有触动！希望无论爸爸去哪儿，“口袋里”永远带着孩子。

# 第32招　宅家“抱团”学
## ——联动一次“抱团共学”

### 故事在线

“老师，我家儿子，学习的视频不看，作业也不写。我都不知道怎么办了。老师，你帮我想想办法吧，我们作为家长能配合尽量配合。老师，谢谢你啊！”

“老师，什么时候才能回到学校上课啊？在家里学习的效果实在太差了！”

“老师，我家儿子在家里都不写作业，每天都跟我吵架，真的气死我了！”

收到了家长们发来的求助微信，感受得到家长对于疫情期间在家学习，无法管束孩子的无奈与无助。

### 故事分析

为阻断新冠肺炎疫情向校园蔓延，全国高校、中小学响应教育部“停课不停学”的号召，纷纷开启“云课堂”在线授课模式。从2020年2月开始，各地教育局、学校纷纷出台了“停课不停学”的“一校一策”。

任何一份工作或者一项活动，长时间保持一成不变的状态，将会产生倦怠，“宅家学习”的学生们也不例外。面对屏幕不间断地上课，同时隔着屏幕又无法与老师、同伴沟通，学生只能通过自己的“领悟”去学习。如果遇到没有网课的时候，一年级的小朋友更不会主动安排自己的学习，孩子们剩下的就是玩。而家长看到孩子在玩，又怕孩子跟不上学习节奏，开始焦虑。一焦虑就容易跟孩子产生冲突。对于这种网络学习及一直写作业的模式，学生产生了抵触情绪，家长也是疲惫于这一模式的学习监督，甚至导致亲子关系紧张。如何让线上学习更加有效？如何提高学生线上学习的学习兴趣？这些问题都需要我们深入思考。

## 锦囊妙计

1. 抱团学习 1.0——提高学习积极性

首先在家长微信群里公布了“抱团学习”的公告：“孩子们，经过一个来月的宅家网络学习，好像不带劲了。现在我们要开始组团学习、组团检查作业、组团奖励哦！哪个小组第一个将全组作业收齐，奖励和老师视频，并且获得老师的特殊礼物。至于礼物是什么，那可是秘密哦！”

接着根据孩子们平时的表现，及家长平时对于孩子学业的投入情况进行分组。由于是宅家学习，需要家长更多的关注与投入，在分组的时候需充分考虑家长的工作性质、对孩子的耐心程度及与家长之间的沟通能力，同时将分组名单公布在班级群里。并要求在家长的协助下完成组队后的任务：

（1）同组家长建立微信群。

（2）自荐或者推荐一位同学当小组长。

（3）每天网课之前，群视频，互相鼓励，认真学习并记录网课中不懂的问题。

（4）每天网课结束后，群视频，交流不懂的问题。同时由组长组织请已经听懂的同学讲解，如果还不懂，记录问题请教老师解答。

（5）一周网课结束后，群视频，组长梳理知识点，并记录，分享给组员。

（6）组长轮流当值。

每天线上学习完成后，由小组长统计组员作业完成情况，并在班级群里汇报完成情况，形成小组之间“你追我赶”的良好竞争氛围。

在实施抱团学习 1.0 版本后，孩子们交作业的速度快了，因为他代表的不是个人，而是一个团体；家长们的参与度更高了，为的是不让自己的孩子在小组内拖后腿。总的来说抱团学习 1.0 版本的策略取得了阶段性成效。

2. 抱团学习 2.0——解放天性

经过一个月的抱团学习后，明显感觉小组学习力在下降，跟之前积极的“你追我赶”现象有了明显的区别，因此要进行抱团学习的升级版本。在抱团学习升级之前，需要总结 1.0 版本的成效。通过线上会议软件，与全班孩子和家长总结这一个月来线上学习的情况，统计各小组的交作业的名次，颁发奖状和奖品。并且宣布，接下来一个月的线上学习要加入项目化研究。（如表 3-1）首先向全体孩子与家长介绍项目化，再给线上项目化学习做减法，按照小组的兴趣点进行研究：对植物比较感兴趣，可以研究洋葱的生长；有跳舞特长，可以创编课间操；喜欢美食，可以研究菜谱；等等。源于生活、贴近生活的项目化研究都可以。

**表 3–1　宅家抱团学习小组**

<table>
<tr><td>我的组长</td><td></td><td>组内成员</td><td colspan="5"></td></tr>
<tr><td colspan="8">我的作息表</td></tr>
<tr><td>时间</td><td>周一</td><td>周二</td><td>周三</td><td>周四</td><td>周五</td><td>周六</td><td>周日</td></tr>
<tr><td>早上</td><td></td><td></td><td></td><td></td><td></td><td></td><td></td></tr>
<tr><td>中午</td><td></td><td></td><td></td><td></td><td></td><td></td><td></td></tr>
<tr><td>下午</td><td></td><td></td><td></td><td></td><td></td><td></td><td></td></tr>
<tr><td>小组研究课题名称</td><td colspan="7"></td></tr>
<tr><td>研究目标</td><td colspan="7">1.<br>2.</td></tr>
<tr><td rowspan="5">小组分工</td><td rowspan="5">姓名</td><td colspan="2"></td><td rowspan="5">职责</td><td colspan="3"></td></tr>
<tr><td colspan="2"></td><td colspan="3"></td></tr>
<tr><td colspan="2"></td><td colspan="3"></td></tr>
<tr><td colspan="2"></td><td colspan="3"></td></tr>
<tr><td colspan="2"></td><td colspan="3"></td></tr>
<tr><td>研究过程</td><td colspan="7">第一阶段：<br>第二阶段：<br>第三阶段：</td></tr>
<tr><td>预期成果</td><td></td><td></td><td></td><td></td><td></td><td></td><td></td></tr>
</table>

表格里既有宅家学习的小组作息表又有项目化学习的内容，小组孩子朝着共同目标努力。

转眼来到了 4 月，有的小组用视频的方式呈现小组研究的成果，有的小组通过线上会议的方式讲解研究过程，研究课间操的小组代表直接跳起了课间操……各式各样的学习成果，看得出孩子与家长都非常用心参与这次抱团学习。

同时，允诺学生的礼物继续呈现，这次是用变魔术的方式，给每个小组变出不同的礼物来。一共五个纸杯子，代表着不同的礼物，由小组长选择编号，最后我倒出杯子里事先准备好的礼物条，一一做好登记，等到复学的时候再将礼物奖励给孩子们。

两轮的抱团学习结束后，学校开始复学了。我将孩子们的礼物一一对应装在红色袋子里，放到每一位孩子的桌子上。孩子们来到班级时，第一时间就能看到自己努力得来的奖品。

复学后，和家长们见面，家长们赞扬道："老师，抱团学习真的太好了，后来我家儿子迫于小组学习压力，每天都按时完成作业。而我们家长也跟着督促孩子学习。小组学习真好！"我们班的数学老师也说道："你们班的花样真多啊，不过这花样好。你们开始实施抱团学习后，数学作业上交的速度快多了，而且正确率也高了很多，真是一举两得，实在高明！"看来，这抱团学习确实是有一定成效的。而初衷只是为了解放疫情期天天在家盯着孩子接近发狂的家长，同时也想换一种方式学习，让学生减少学习的疲惫感，用更加新颖的方式吸引学生。

项目化学习的实施，初衷是想让单调乏味的宅家学习多一点生机，让宅家学习变得有滋有味。家长们常常说："老师的一句话抵得上我们家长说的十句话。"老师以布置任务的方式让学生根据自己的喜好做起来，宅家学习这么长时间，家长也一直在家陪伴，两者凑在一起正是研究项目的好时机。

我想，不管是不是在疫情期间的学习，以小组为纽带，都能带动组员学习，形成组与组之间的良性循环，对班级的每一个孩子都有促进作用。同时我们也认识到小学生的"善变"，需要过一段时间变个花样来吸引他们。只有这样，无论是他们的学习还是行为才能达到我们想要的预期。

# 第33招　家学周
## ——联动一次家长课堂

### 故事在线

“各位家长：你们好！学校的招牌活动‘家学周’就要开始了。为了能给孩子们一个有趣又长知识的家学周，请家长们积极报名！家长们不用担心上课秩序，老师会和你一起维持班级秩序！家长们也不用担心你带来的课程孩子们听不懂，拓宽视野是我们家学周的主要目的！”家学周通知和课程表一并发到班级群里，因为是第一次举办“家学周”活动，家长们报名非常积极，一个下午的时间，课表上的课程全部都填满了（见表3–2），实在安排不开的课程还占用了孩子们的静校时间。

**表 3–2　家学周课程表**

<table>
<tr><th>时间</th><th>周一</th><th>周二</th><th>周三</th><th>周四</th><th>周五</th></tr>
<tr><td>静校</td><td></td><td></td><td>《小小银行家财商课程》<br>小林爸爸</td><td></td><td rowspan="4">秋游：大境脉之旅</td></tr>
<tr><td>第五节</td><td>《神奇的科学魔术》<br>小王爸爸</td><td rowspan="3">《机电学院机器人模拟实验室》<br>小杨妈妈</td><td>《科学小制作》<br>小徐爸爸</td><td>《认识计算机》<br>小吕爸爸</td></tr>
<tr><td>第六节</td><td rowspan="2">《树叶标签的制作》<br>小周妈妈</td><td rowspan="2">《绘画创意课程》<br>小王妈妈</td><td>《谁的牙齿在摇晃——儿童口腔保健》<br>小李妈妈</td></tr>
<tr><td>第七节</td><td>《认识牛奶》<br>小谭妈妈</td></tr>
</table>

从课程表上看有孩子们喜欢的动手类课程，如神奇的科学魔术、科学小制作、树叶标签的制作，有陶冶艺术情操的绘画课程，有关乎健康的口腔保健和认识牛奶课程，有提高财商的小小银行家课程，还有孩子们最喜欢的参观和游览课程——机器人模拟实验室和秋游活动。每一堂课，家长们为了能镇住这帮小朋友都准备了丰富的小礼物。在《认识牛奶》的课堂中，小谭妈妈带来不同类型的牛奶，如纯牛奶、酸奶、乳酸奶、脱脂奶。通过品尝，区分牛奶的类别，进而学习牛奶的营养成分，有喝的有玩的，孩子们太喜欢家学周课程了。

“小朋友们，你们最喜欢上什么课啊？”一次班会课上，因为课前调查的需要问了孩子们这个问题，孩子们竟然回答是“家学周课程”。看来，家学周课程确实成为孩子们心中最喜欢的课程了。

## 故事分析

随着“家校共建”观念不断深入人们心中，越来越多的人意识到教育孩子不仅仅是学校的责任，同时也是每个家长的责任。我校位于“大学城”，建联四所高校，拥有优质教育资源以及家长资源，“家学周”在探索中诞生，这是学校德育的顶层设计，旨在挖掘家长资源为学生的成长服务。将各类家学课堂固定在一周五个半天进行，根据“动静结合”“理论+实践”的原则，将零散繁杂的家长课堂资源，分门别类整合成有序的课程资源库，便有了“家学周”一周课程，由家长给孩子们授课。希望构建社会、家长、教师、学校、学生等多个主体的“育人环境”。

我觉得这个概念非常前卫，孩子在学校里学的知识是从书本中得到的，而书本是根据学生螺旋式上升的身心发展特点设计的。“家学周”挖掘全体家长的智力资源和周边资源，他们所在的领域知识，他们所学的专业知识，孩子是无法从课本中学到的。有各个领域家长的资源“补充”，既能开阔孩子们的知识面，也能开拓孩子们的眼界。

家长带来的课程五花八门，不仅有动手的，还有美食。吃吃喝喝玩玩，是孩子们最喜欢的上课方式。所以，学校里每学期的“家学周”都是孩子们最期待的。

## 锦囊妙计

### 1. 另辟家长资源度过“家学周”瓶颈期

随着每学期一期的“家学周”连续开展，家长们觉得自己该上的课程都上过了，这学期“家学周”报名并没有那么积极了。家学周“遇冷”了，怎么办呢？我紧急私信了个别家长：“小项妈妈，我知道你甜品制作得特别好，我们‘家学周’课程不一定就是知识性课程，我们也可以上美食课程啊！所以你的美食课堂完全可以搬到我们教室里来！你觉得人手不够，我可以在班级群里招募家长志愿者一起帮忙，所以你大可放心。来吧，为孩子们来一场美食盛宴。”小项妈妈听我这么一说，欣然同意了。

我又继续给小朱妈妈打了电话：“小朱妈妈，听说你认识你们学校的插花老师，可以请插花老师来学校教孩子们插花啊！这可是艺术课程，孩子们肯定会很喜欢的！”小朱妈妈恍然大悟：“老师，你真的太厉害了，我都没有想到呢！插花老师跟我很熟，没有问题，‘家学周’算我一节。”有小项妈妈和小朱妈妈打头阵，我把课程表一发到群里，家长们纷纷在下面跟帖：“原来这些课程也可以啊！那我也报名，我给孩子上一次‘钉纽扣’的课程。家长们太厉害了，还挖掘身边的资源为孩子们服务，我去请我认识的一个素拓队伍，让他们给孩子们上一次素拓课程……”在家长们的讨论中，家学课程变得越来越丰富。

插花课遇上了母亲节。“家学周”的插花课我们特地安排在了母亲节那周的周五。当天，小朱妈妈带着朋友还有各色鲜艳的花朵、花篮走进了教室，在插花老师一步步的指导下，从花色的选择和插花的层次入手，孩子们有模有样地动手插花，一个个漂亮的小花篮出现在了孩子们的桌子上。小朱妈妈真是用心，手里拿着小卡片说：“小朋友们，这周日知道是什么节日吗？”接着小朱妈妈把事先准备的关于母亲节的视频播放给孩子们看。孩子们虽然懵懂，但也深知这份母爱。小朱妈妈动情地说：“我这里有一些小卡片，你们把想对妈妈讲的话写下来，再加上你们亲手做的小花篮，当作母亲节礼物送给妈妈，好吗？”顿时，孩子们文思泉涌。

当天晚上，班级群里、朋友圈里，家长们纷纷晒图，“感谢‘家学周’，感谢用心的家长，母亲节礼物已在手中，我的小宝贝长大了！”“‘家学周’太强大了，各色课程都有，孩子们真是有福气啊！”……家长们纷纷夸赞“家学周”课程为孩子们带来的成长。

2. 共享式“家学周”将家长资源最大化

一个班的家长资源毕竟是有限的，44 位同学也只有 44 份资源，而且不是每一位家长都能有自身或者身边的资源。如果利用一个级段 280 位家长自身资源或身边资源，那就完全不一样了。我们要把资源最大化，让孩子们学习到各种各样的家学课程。因此，接下来的家学周，我们将资源统整、分享，形成了班班共享和级段统一的家学课程。这样收集班级家长资源就没有那么困难，解决了“家学周”瓶颈期带来的困惑。

这次级段统一课程邀请了温州大学瓯江学院的党员志愿者们，共有 20 名党员志愿者参与这次活动，他们分几个团队进入各班教室，给孩子们介绍一波三折的嘉兴南湖红船会议、建国初期轰轰烈烈的工人运动、改革开放以来“两弹一星”“嫦娥三号”登陆月球等科技的发展、疫情期间守在抗疫前线的党员先锋活动等内容。每一个关于党的小故事，孩子们听得都格外认真。其间还有很多问答互动环节，孩子们的手举得一个比一个高，学习热情十分高涨。经过理论学习后，各班级分别开展红色活动，如红船剪纸、制作党旗、制作航母绘本、制作抗疫党员先锋绘本等。

每一件事情的初期，因为带着好奇心，呈现出来的应该都是火爆的，但是经过一段时间的实行之后会遇到瓶颈期。突破瓶颈期后，才会让活动的形式最优化、价值最大化。班级的家学周确实走过了这样的三个时期，一开始家长积极报名，到中间因为无法挖掘课程纷纷怯于报名，以至老师私下与家长联系，拓宽家学课程的内容才勉强将家学课程报齐，到最后我们的级段共享课程解决了家长资源的局限性，利用全级段的家长资源为整个级段的孩子服务。

特别是中间的瓶颈期，作为老师首先要有课程意识，身边任何一个人、一件事都能成为孩子学习的课程。如何挖掘与利用，是需要我们用敏锐的眼睛去发现的。挖掘家长制作美食的兴趣点，为孩子带来美食课程。美食课程讲究量的比重，在这样的学习中孩子们学会精确测量，还收获美食。“钉纽扣”能成为课程吗？殊不知，我们现在的孩子根本没有拿过针线，他们也根本不会“钉纽扣”。学会一门技能当然能成为一种课程，而且是相当实用的课程，也是孩子们日常所需的课程。这门课程还可以再拓宽：系鞋带、洗袜子、叠衣服……与生活技能有关的都能纳入其中，这样一系列课程之后，我们班级走出的孩子不仅会学习还是会生活的高手。

瓶颈期，看我们如何去突破，才能到达教育的远方。

# 第34招 “行走”的力量

## ——能动一次班本课程

### 故事在线

故事一：单枪匹马走四方

“孩子们，暑假即将来临，老师希望你们过一个有意义、有趣的暑假。等到开学的时候，老师请你跟全班同学分享你的一路见闻。”孩子们似乎没有听明白，我继续说道，“孩子们，暑假你们大部分都要回老家。回老家这一段路程，可以用父母的手机记录路上的见闻。没有回老家的孩子，可以分享你的暑假阅读心得，也可以分享你暑假的趣事。”“老师，知道了，我知道怎么做了！”“老师，就是分享回老家时发生的一些事情吧！”“老师，我可以分享老家的风景吗？”……孩子们争先恐后地抢着回答。

故事二：并肩作战走家乡

“孩子们，这周获胜的是地球队。地球队要行走的博物馆是位于温州市苍南县的‘矾矿博物馆’。请孩子们在查找博物馆的资料时确定要解开矾矿博物馆的未解之谜，期待你们的大智慧。”地球队的小组成员当天回家就各自寻找博物馆的相关资料，并通过讨论确定他们要找寻“明矾是如何冶炼而成的？”“明矾有哪些传说故事？”的答案。带着这些问题，地球队小组成员走进了矾矿博物馆。聪明的孩子通过观看、询问等方式，为他们的“未解之谜”找到了答案。

## 故事分析

“行走的暑假”是我们的班本课程。从“故事一”里的个人行走到“故事二”里的班集体小分队行走，“行走”将“读万卷书”的知识化作实践的“行万里路”。

班级的学生来自全国各地，一到暑假便有大批孩子跟随着父母回老家。所以“故事一”鼓励孩子不妨迈开脚步出去走一走，把一路的见闻，通过自己的介绍，让更多的学生了解。

一个集体想“长治久安”，必定需要一定的制度来约束，这便是“班规”。而班规主要涉及学习、纪律、出勤、卫生等诸多方面，一般情况以负强化为多。把班规与班本课程相融合，通过代替性强化——行走活动，激励孩子们积极参与归正自己的行为习惯。以小组竞争的方式让一群人的力量凝聚在一起，开展良性循环，带动班级其他方面的向上发展。获胜的小组参加行走课程，一群小朋友组队外出游玩，有助于班集体的建设和小组团结，更有利于学生的身心健康。

## 锦囊妙计

1. 降低难度，跳一跳够得着

一转眼暑假已过，新学期又要开始了，我在班级群里发布了分享暑假见闻的通知："孩子们，还记得我们放假前的约定吗？这个暑假你一定过得非常充实，将自己的暑假见闻、阅读心得等等制作成 PPT，我们开学后的静校时间一起来交流，希望同学们踊跃参加哦！"

通知发出了两天，只收到了两位家长的回复。再次回顾已发的通知，我估计是因为 PPT 难住了家长们，不是每位家长都会制作。我在班级群里继续补充道：经过两天的时间，已经有好些孩子报名了，如果不会制作 PPT 也可以换成看图说话的方式来展示。接下来我私信了几位有能力制作 PPT 的家长，"某某家长，为了给孩子一次上台展示自我的机会，记得和孩子一起准备交流的材料哦！"家长们见老师私信自己，便都积极回复："老师，好的！没问题的，我们已经在思考了！""谢谢老师关照，我们会努力的！"……接下来的几天，陆续收到了家长们发来的 PPT 或者图片。

"这个暑假，我从温州来到了爸爸的家乡哈尔滨。在哈尔滨，我们一共度过了 30 天。这 30 天里，我和爸爸妈妈一起……后来在八月份的时候，我们又去了妈妈的家乡云南。云南四季如春，夏天的云南一点儿也不热，你看我每天穿一件短袖加一件外套……"小吉同学在全班同学面前侃侃而谈，因为是自己亲身经历，讲得生动而精彩。

"我的暑假一直与书为伴。在回湖南老家的路上，我的这本《哈利·波特》一直陪伴着我。我在动车上看，下车还看，坐在叔叔接我们的车上我也在看……"小廖同学津津有味地谈着他暑假阅读时的美好时光……

为了激励家长和孩子们，给每一位上台的孩子都拍照并且发到班级，公开性表扬孩子们的勇气、创意等。同时，我还在微信朋友圈配上一首首小诗《别看我小》《你爱我也爱》等点评了孩子们的分享：别看我小，我可以到珠海玩个够，海豚、北极熊、企鹅……都是我的好朋友。别看我小，我从浙江到新疆，尝美味的葡萄，访维吾尔族留守儿童，我们同生活在一片蓝天下。别看我小，我可以独自去旅行。别看我小，我从青岛到天津到上海再到浙江……

无论是平淡的暑假还是有趣的暑假，都需要“回头看”。在“回头看”的过程中，有反思有总结，这就是成长！而降低展示方式的要求，便可以让每一个孩子都站上舞台。每一次准备上台的过程，都是一次来之不易的成长。

2. 有商有量，让成长走得更深远

学期的“集体行走”更具目的性。

这次“走家乡”的班本课程的主题是“博物馆之谜”，我们要到家乡的博物馆，探索家乡博物馆的秘密。“走家乡”的班本课程是在班级小组竞赛的基础上进行的，每个月胜出的小组可以跟随着家长与老师开展行走课程。在这过程中可以巧妙地让每一位孩子在学期中都有机会参加行走课程。确定对象之后，利用班会课，介绍“走家乡”课程，并请孩子回家收集博物馆的相关资料，然后利用收集的资料制定“博物馆之谜”的路线。收集资料、制定路线等全部由孩子自主完成，这自主完成的过程，其实就是增长知识、提高能力的过程。

虽然每月只有一组孩子开展行走课程，但是每一次的行走课程结束后，行走小组都会将自己的见闻通过 PPT 向同学们进行介绍，聆听介绍的过程，惠及了全班孩子，激起了全班孩子的向往之心，从而激励小组孩子团结奋进，为能取得“行走”的入场券而努力。

行走课程除了“博物馆之谜”的系列活动外，还有“家乡的山水诗”课程、“踏寻古迹”课程、“城市之光”课程、“家乡年味”课程等。走完家乡后，期望能迈出家乡走向省际。

一切的出发点都是为了孩子的成长，与家长达成共识，再苦再累的活儿家长也都愿意干，更何况是陪伴孩子去实践与参观呢！

在 PPT 展示时，老师的私信更能取得家长的信任，让家长深切感受到老师对自家孩子的关注，这不是家长最想得到的吗？因此，家长会不遗余力地为自家孩子展示而努力。

班本课程的形成，首先需要我们教师有课程意识。班本课程是以班级为单位，师生双方共同开发的富有班级特色的课程。在不同阶段实施不同课程，第一学期开展“博物馆之谜”子课程，寒假来临寻找“家乡年味”子课程，下个学期开展“踏寻古迹”子课程……这些都是围绕“家乡”开展的课程，有活动目标、活动内容、活动方式的规划和设计。为了安全，将全班参与的班本课程改成小组参与，再通过展示等形式惠及全班孩子，以此激励班级其他学生更加积极努力参与到班本课程中来。

当然在规划班本课程时，也可以请家长参与，利用家长资源形成一系列的课程，最后形成有主题、有活动目标、有活动内容及方式的班本课程，从而丰富孩子的童年生活。

# 第 35 招　沉浸式一日学习营

## 故事在线

野外探险一日营、雁荡活火山一日营、军事体验一日营……孩子的一日营活动五花八门，而针对家长学习的一日营呢？其实市面上有很多家长学习营，曾经一个朋友推荐我参加“正面管教三日营”活动，平均下来 500 元一天，那还是五年前的价格。我也觉得价格实在太高，还不如自己把书买回来自学呢！但是买了书后确实没有时间和精力学。我想很多家长的想法和我一样，给孩子报一日营活动再贵都舍得，而给自己报学习营就嫌贵。

我们学校曾经成立了温州市最好的心理工坊，我们称为“心窝派”。心窝派的 21 位专家中既有大学心理学系的主任、心理学博士，也有素质拓展项目的负责人，更有心理临床医学的专业医生。心窝派每月组织一次活动，邀请专家给我们家长开讲座，家长通过微信公众号抢单的方式报名参加。我也参加了几期心窝派活动，家长主要以听为主。我总感觉这样的形式家长的体验不够深入，我们需要“沉浸式”的体验。

把学校的大资源转到班级来，把班级家长组织起来一起参加学习营活动。在“四升五”的暑假，我便组织了家长沉浸式一日学习营，在班级群里发了公告：“亲爱的家长们，我们的孩子即将步入五年级，不知你有没有准备好当五年级孩子的家长呢！家委邀请了学校心窝派的专家给我们班家长组织了沉浸式一日学习营的活动，即日起可向小林家长报名，活动时间是 8 月 20 日。欢迎你的加入，让我们和孩子一起成长！”

“这个活动好！小林妈妈，我要参加哦！”

“是啊，到外面学习还要学费，我们自己家委组织还不用学费呢！小林妈妈，我也参加，麻烦你记录下！”

“我也参加！麻烦小林妈妈登记哦！”

公告发出来，家长们便积极响应！最后一共有 35 位家长参加了活动。

## 故事分析

有些家长“不思进取”。现实中真的有些家长迫于生计，无暇顾及孩子学习，他的任务是先解决家里人的温饱问题再谈教育问题，这样的家长也需要被理解。根据马斯洛需求层次理论，连最基本的生理需求，即食物与衣物都未得到满足，无法上升到更高的需求。只有解决了低层次需求才能达到高层次需求。这些家长不是“不思进取”，而是真的没有办法全身心参与到孩子教育中来。我想他们肯定也是没有办法，哪个父母不是“望子成龙、望女成凤”呢！

同样的，还有些家长想“积极进取”但是现实中家长学习课程实在太贵。很多家长为了孩子甘愿花钱，虽然众多机构推出了亲子学习课程，但是价格实在昂贵，家长有这份学习的心，希望在教育上能选对方向、能有人帮助自己更好地教育孩子，奈何无法负担起学习的费用。宁愿将这笔钱投资给孩子的学习班也不愿投资给自己去学习如何当父母。因此，想而不得，无法学习。

那么，家长要学习吗？

社会在进步，家长当然也要与时俱进，要吸收更加先进的育儿观。父母是孩子的第一任老师，也是最长久的老师。瑞典教育家哈巴特所说：“一个父亲，胜过一百个校长。”蒙台梭利也曾说过：“无知地对待儿童，比无知地对待成人更可怕。”孩子是一张白纸，任由家长在白纸上涂鸦，家长的涂鸦技术直接影响作品的呈现效果。其实家长比孩子更加需要学习，学习做一名合格的父母。

## 锦囊妙计

1. 破冰游戏

“各位家长，我是来自五年级 4 班小李同学的爸爸。我在学校是负责素拓方面的工作，今天一日营的第一个活动是破冰游戏，由我来带领大家一起玩！先请各位家长稍稍移动椅子，我们围成一个圈。”跟着小李爸爸的指挥，我们移动着坐着的椅子。小李爸爸接着说：“我们玩的是破冰游戏。游戏规则非常简单，先重复前一位家长的自我介绍，再增加自己的自我介绍，如：我的前一位家长是小李的爸爸，我是小黄的妈妈，以此类推。那让我们动起来吧！”

“第一位家长是小红的妈妈，第二位家长是小李的爸爸，第三位家长是小王的妈妈，我的前面是小华的妈妈，我是小玲的爸爸。”这是第五位家长的破冰话语。以此类推，到了最后一位家长的，真的是难：“第一位家长是小红的妈妈，第二位家长是小李的爸爸，第三位家长是小王的妈妈，第四位家长是小华的妈妈，第五位家长是小玲的爸爸……第十三位是？真不好意思，太多了，记不住啊！”小石妈妈边说边笑。“第十三位是小玲的妈妈。”旁边的家长喊道。“对对，不好意思啊！小玲妈妈。我继续哈！第一位是小红的妈妈……第十三位是小玲的妈妈，我前面的前面是小舒的爸爸，我的前面是小凌的妈妈，我是小石的妈妈！终于讲好了！”小石妈妈长长地舒了一口气。这时小李的爸爸走到了小石妈妈旁边，顺势问道：“我感觉到你有些紧张。”听到小李爸爸说到自己心坎上，小石妈妈边笑边点头。“我也感觉到你很想完成这个游戏，你能说说当时和现在的感受吗？”小李爸爸顺势追问道。小石妈妈脸部泛红，有些羞于表达：“我还是很紧张的，因为我前面有太多家长了，我怕说错，主要很紧张。”小李爸爸又把话题转到了孩子身上：“我送家长们四个字：感同身受。只有感同身受，我们才能走进孩子的心里。”……

2. 了解自己

第二个板块，我们请来了大学教授秦老师为家长们带来“家庭教育在路上”的经验分享。通过毛毛虫和蝴蝶的故事，带给家长们一个思考：当大人总催促孩子“快快快”时，是否忘记了孩子还是毛毛虫阶段，而我们却在用蝴蝶阶段的速度要求孩子？她向家长们娓娓道来自己和孩子的亲子互动，从点点滴滴的细节中告诉在座的家长：不要用成人思维看待孩子，要站在儿童立场面对孩子们。孩子的成人比成才更重要、成长比成功更重要。

接着秦老师用归纳总结的方法，让家长们自我剖析：“如果用五个词语形容现阶段育儿路上的自己，你会用哪些词语形容呢？专制、开明、温柔、凶悍……”家长们纷纷拿起笔，在纸上写下五个形容现阶段自己的词。接着秦老师邀请家长利用一个词语回想一件小事还原真实的自己。“我觉得我现阶段是一位专制的家长。在家里基本上是我说了算，我高兴全家都高兴，我不高兴全家都不敢出声。”小红妈妈分享道。“恭喜你，小红妈妈，为你的深刻剖析点赞。我们继续来分享……”家长们慢慢地分享着自己的故事，在互相分享中，更加深刻了解自己。

3. 深度体验

进行到第三个环节时已经是下午，我们又请了学校负责心理学科的杨老师与家长互动。杨老师通过《如何说孩子才会听，怎么听孩子才肯说》这本书，抛出第一个问题：放学回家，孩子把书包往沙发上一扔，一屁股坐在沙发上看电视，其实你心里想让孩子去写作业，你会怎么跟孩子说呢？

小灵妈妈说：“快点去写作业啊！别愣在那里啊！”

“我也会说，快点快点，先把作业先写好了，再看电视！”小李爸爸说着。

家长们各抒己见。

杨老师让家长们深度体验被命令的感觉：“就近的家长面对面坐，一位扮演家长一位扮演孩子，假装对着孩子，叫他去写作业！家长们试试看！”两位家长一组分别尝试着角色扮演。杨老师走近了扮演孩子的家长：“你能说说，当被命令去写作业，你心里是怎样想的吗？”“我就觉得很不爽。我学了一天了，我休息一下也不行吗？”小李爸爸装着小孩的语气说着。“这位‘孩子’，你来说说心里话。”杨老师邀请小华妈妈聊聊……

“换位思考下，其实孩子们就是带着这种不爽的心情去写作业。你说会好好写作业吗？不管是写作业还是做其他事情，我们首先要重视的是孩子的感受。我们需要掌握四个技巧：第一，全神贯注地听。第二，用简单的词语回应他们的感受。第三，说出他们此刻的感受。比如：这件事让你很灰心。第四，用幻想的方式实现他们的愿望，而不是用逻辑上的解释。”杨老师又换一个话题继续和家长沉浸式训练着如何和孩子好好沟通。

不管家长回到家后是否有所改变，我想家长既然愿意来参加这个活动，必定是想改变自己的一些做法，至少家长们已经勇敢地迈出了这一步。

# 第36招　轻轻地，祝你好梦

## 故事在线

“这里是竹芽班夜读。孩子们，今天过得好吗？我是今天的主播连老师。今天为大家读的文章是《生命》。生命没有贵贱之分，无论何种生命都值得我们珍惜和爱护，爱别人，更要珍惜自己的生命。生命之于我们只有一次，绚丽多彩的生命，如果戛然而止，也会变得暗淡无光。无论我们处于低谷还是处于巅峰，生命的价值都不会变，而恰恰是生命的多彩让我们体会到人生的丰富多彩……以上是今天夜读的全部内容，想收听更多内容请关注竹芽班公众号。晚安，祝你好梦！”

“这里是竹芽班夜读。家长们，今天过得好吗？我是今天的主播卡卡妈妈，今天为大家读的文章是《我是孩子最优秀的父母》。从此刻起，我会多鼓励、赞美你，能带给你自信和力量。批评、指责、埋怨只是在发泄我的情绪，伤害你的心灵……以上是今天夜读的全部内容，想收听更多内容请关注竹芽班公众号。晚安，祝你好梦！”

“这里是竹芽班夜读。家长们，今天过得好吗？我是今天的主播萌萌爸爸，今天为大家读的文章是《舍得用孩子，孩子才能成大器》。只知怜惜孩子，不舍得用孩子，这是当今父母爱的误区。实际上，爱孩子，就要舍得用孩子。一个人在被他人需要和为他人付出时，才能感受到自己的价值。一个孩子被大人使用和需要时，才能感受到自己幼小的生命是多么伟大，进而感悟到一种深深的爱意，并且产生强烈的责任感……以上是今天夜读的全部内容，想收听更多内容请关注竹芽班公众号。晚安，祝你好梦！”

班级公众号每天晚上9点更新，其中有一篇孩子们听的夜读文章，有一篇家长们听的夜读文章。在有声的夜读中，大家进入甜甜的梦乡！

## 故事分析

1.公众号需要不断更新

随着信息化植入生活的方方面面，微信的功能越来越强大，很多学校的网页断更，但是微信公众号却不断地更新，说明微信已经成为人与人之间不可缺少的沟通方式之一。人们的很多信息都是从微信中获取的，因此，很多班集体纷纷推出班级微信公众号，时不时推出班级活动的讯息、孩子获奖的讯息。毕竟不是每天都有活动可以报道，也不是每周都可以颁奖，因此很多班集体的公众号断更或者说成为“僵尸号”。那么就要想方设法充实公众号的内容，即使没有最前沿的活动也有每天更新的“夜读”内容。

2.孩子需要被思想强化

六年级的孩子，其实有一定的学习压力，再加上步入青春期，在这个分岔口有时候会迷路，找不到前进的方向，从而迷失在成长的路途中。这就需要用正能量的声音拉一把孩子。青春期的孩子，话语变少了，与父母的沟通变少了，甚至也不愿与老师谈心，更喜欢和同伴在一起。作为师长，在孩子人生的分岔口要做好引导，与其每天与孩子苦口婆心地讲道理，孩子不愿意听，沟通的效果并不理想，不如通过电波，选取一些正能量的文章，每天读给孩子听，让青春期烦躁的心安静下来！

3. 家长需要被行动同化

家长需要学习吗？我想答案是肯定的，“永远在学做父母的路上！”孩子不是一生下来就会走路，而是在慢慢搀扶的过程中才学会走路；孩子不是一生下来就会说话，而是在牙牙学语的过程中慢慢建立语言系统。那么，我们成人一开始就会做父母吗？我们第一次当父母，都是摸着石头过河，谁的方法都不一定正确，谁的方法都不一定适用在自己孩子身上，但是我们可以学习，朝着正确的育儿方向寻找到适合教育自己孩子的方法。当父母永远在学习的路上，那么我们才会成长为一名合格的父母。

## 锦囊妙计

1. 多科融合的“声波”

“这里是竹芽班夜读。孩子们，今天过得好吗？我是今天的主播英语老师，叶老师。今天为大家读的文章是《学习英语的技巧》……以上是今天夜读的全部内容，想收听更多内容请关注竹芽班公众号。晚安，祝你好梦！”

“这里是竹芽班夜读，孩子们，今天过得好吗？我是今天的主播数学老师，林老师。今天为大家读的文章是《数学没那么难》……以上是今天夜读的全部内容，想收听更多内容请关注竹芽班公众号。晚安，祝你好梦！”

“这里是竹芽班夜读，孩子们，今天过得好吗？我是今天的主播语文老师，连老师。都说得语文者得天下，今天为大家读的文章是《语文，想说爱你也容易》……以上是今天夜读的全部内容，想收听更多内容请关注竹芽班公众号。晚安，祝你好梦！”

“夜读”不仅仅有班主任的声音，还有来自各科老师的声音。这样便可以让孩子接收全学科老师的声音，掌握不同学科的学习方法。听到老师亲切的声音，生活中自然会与老师拉近距离，甚至还有话题可以聊。有一次，听林老师说起，班级数学成绩并不理想的小红，竟向他要小学阶段数学学习的公式。小红还强调说她在“夜读”中听到学数学记住数学公式很重要，因此向他要了小学阶段全部的数学公式。这说明“夜读”影响着孩子们，也在改变孩子们的学习习惯。

2. 爸爸妈妈的“声波”

孩子需要同伴影响，其实家长也需要同伴影响，从家长口中读出的文章更能吸引其他家长的聆听。某某家长都这么努力教育自己的孩子，那我也要跟上步伐，向他学习。成人也有攀比的心理，这攀比的心理来源于“望子成龙，望女成凤”的愿望，谁不想做好父母呢？

无论是给孩子听还是给家长听的夜读，一周一次更新是简单的，如何每天更新是个难题，我们把“难题”前置到假期。每学年第一个学期，夜读内容的选定和录制在暑假里完成；学年第二个学期，在寒假里完成需要上传的内容，到了时间节点，只需要编辑并上传即可。

家长如何选定呢？有些家长普通话不标准，该怎么办呢？依次轮流肯定不行。在群内先发布自愿接龙，再私信平时比较了解的家长鼓励其大胆接龙。等接龙完毕，通过家长资源邀请高校专业老师进行培训，当然也可以邀请语文老师培训。我们主要的目的是通过“声波”，让家长影响家长，不用像播音员一样高要求，内容精良，让听者听着舒服便可。

有了音频原材料，让班主任每天定时上传，也会在无形中增加很多工作量，这也不现实。这时候就需要借助家委的力量，成立在计算机方面操作熟练的宣传小组，为后期的音频和音乐合成以及上传班级公众号做准备。

朗读分解给家长、科任老师，上传分解给家委宣传组，这样的“夜读”栏目才会长久。

# 后记

## 感恩遇见

大家常说："只要有时间，就可以写书。"这句话并不全对，不过写书确实是需要时间。2020年，我有幸成了教育部遴选赴港澳交流的优秀教师一员。在澳近一年期间，没有来自孩子的"幸福烦恼"，也没有家庭琐事牵绊，我有大把的时间供自己汲取知识营养、反思教学过往、沉淀带班认知。这才促成了本书的成形。

而写作本书的想法，除了有"天掉"的时间，还受我们学校校长的"启发"。校长陈加仓、潘照团，一位是特级教师、一位是特支教师，两位"大笔"已出版专著20余部，成为多种报纸、刊物的特邀专栏作者。临行澳门前，陈校长开玩笑说："在澳门，要写本书回来啊！"说者无意，听者有心。我把陈校长的这句话牢记在了心里。临行时我便下定决心：我要写书！但同时我也很忐忑，我真能写书吗？我只是一位一线的班主任，每天做着自己应该做的事情啊！

到达澳门后，除了认真完成澳门教青局布置的任务之外，我也把写书提上了日程。反复思考着自己十几年班主任工作的点滴，回顾记录关键事件。有时想着想着便彻夜难眠：如果时间可以倒流，也许可以把某件事情处理得更好；如果时间可以倒流，也许可以把某件事做得更有创意！但时光一去不返，我只能用文字把它们记录下来，进行反思，期望能给那些像我一样工作在教育一线的同行提供点参考。在澳门期间，我一共写了25

万字的文本，涵盖68个带班故事。就这样写着写着，竟“写”出了腰椎病、颈椎病。现在回到自己的工作岗位，和孩子们站站、跑跑，忙碌的班主任工作，已经逐渐治愈了我的“老年病”。

幸运总是和有准备的人在一起。我把文稿发给江西教育出版社初审，编辑对我带班的想法很感兴趣，一路绿灯通过审核。感谢编辑团队，反复斟酌书名，审稿时优中择优，最后留下36个故事，让整本书的主旨、体例、内容更加晴朗纯净。

一线平凡的班主任，只是幸得时间的眷顾、机遇的厚爱，让我能拿起笔来记录。我将继续拿笔记录，成为孩子们心中的一束光，照亮他们努力前行之路。

连旭萍

2020年5月20日